「合格」だけ目指すんじゃない！人生における「大合格」をつかみとれ！

「いきなり〝大合格〟なんて言われても……」と、首をかしげているキミへ――。
そうだよね、その通り。
まずは、志望校に「合格」すること。それが、大事だよね？
好きなあの人の彼氏や彼女になること。それも「合格」になるのかな？
じゃあ、「大合格」って何だろう？

実は、この本に寄せられた悩みに答えるうちに、ふと気づいたことがあるんだ。
「あ、悩みの具体的な内容は変わっても、日々、オレが直面している問題とキミたちの問題、それぞれの解決方法にそんなに違いはないな」ってね。要は、大人になっても、今のキミたちが抱えているのと似たような悩みは、尽きないってことなんだ。

夢だったお笑い芸人になって、テレビで活躍する今になっても、いろんなジレンマや悩みに直面することがあるなあって。

たとえば、「もっと笑いをとるにはどうしたらいい？」「憧れのあのタレントさんみたいに活躍できるようにはどうしたらいい？」とかね。

「こうなりたい！」

「何かを手に入れたい！」

って気持ちって、人生のステージは変わっても、常に変わらずに心の中に湧いてくるものなんだよね。


じゃあ、ほしいものを手に入れるには、どうしたらいいか？

そのための解決方法にまじめに向き合ったのがこの本、『大合格』なんだよ。


今、キミたちは、まさに人生のスタートラインに立っているんだ。これから続く学生生活、そのあとに続く長い社会人生活のいわば、開幕戦、ってとこかな。だから、ここでひるんでほしくない。とことん、突き進んでほしいんだ。

キミたちが直面している問題の数々は、まだまだ序の口にすぎないんだよ。

今ここで、必死にその問題に取り組んでおくことで、社会人になってからのウォーミングアップができるってワケ。

だったらぐずぐずと、できない言い訳なんてしてる暇ないだろ？

とりあえず、無我夢中で体当たりするのみだ！


高い目標を掲げろ！

迷走でもいい、全力疾走しろ！

立ち止まって泣くな！

うつむいて甘えるな！

自分のことは自分で決めろ！

言い訳するな！


そう、とことん、自分のほしいものに、邁進《まいしん》すればいい。

ほしいと思ったものは、何がなんでも手に入れようとすればいい。

できるかぎりの方法を、とことん試せばいい。

そのハングリーな精神をもって、高い目標に突き進むことが、「大合格」をもぎ取る唯一の手段なんだ。

そのために、悩んだり、苦しんだり、泣いたり、笑ったり……そうすることが、キミを何倍も成長させるんだよ。

ただ、この本でもくり返し言っているけれど、受験にしろ恋愛にしろ、目標に到達するには、「戦略」が大事だ。同時に、自分の意志で「選択」する、という覚悟も大事。

高い目標を掲げて、そのために必要な戦略を練り、自分で選び、ひたすら努力する――これこそが、あらゆる悩みを解決するための唯一無二のロジックであり、社会人に求められる、つまり、これからの長い人生にこそ、求められることなんだ。

目先の「合格」はもちろん、大事。

でも、人生は、「合格」だけがゴールじゃないよね。

学校にしろ、進路にしろ、就職にしろ、恋人や結婚相手にしろ、自分で考えて、決めて、納得することこそが、幸せな人生に欠かせないことなんだ。

常に大きな目標に向かって進んでいく。その姿勢こそが、まさに「大合格」なんだよ。

進路や恋愛に悩んだり、受験を控えて勉強に励んでいるすべての中学生、高校生に、「大合格」の人生を歩んでほしい――そんな想いをこめて、この本を書きました。

二〇一七年三月　中田敦彦

大合格 参考書じゃなくオレに聞け！ 目次

第1章 先のこと、考えてる？ 進路選び・将来について

第2章 勉強の仕方、知ってる？ 受験勉強について

第3章 心のこと、わかってる？ メンタル・対人スキルについて

第4章 受験生は、勉強しかしちゃダメなの？ 恋愛・友情・部活について

第1章

先のこと、考えてる?

進路選び・将来について

悩み01

高2で偏差値35なのですが、早稲田の政経に現役合格できますか？

自分は今、高2で偏差値35くらいですが、早稲田大学の政治経済学部に現役で合格できるでしょうか？

（高2・男子）

その大きな夢を親や友人にどんどん話せ！

高すぎる目標が、ありえない境地へキミを導く!?

偏差値35！　しかも現役合格狙い！　偏差値50からでも難しいというのに、まったく贅沢《ぜいたく》だな……。

でも、キミには才能を感じるよ。偏差値35の人は早稲田なんて考えたこともないだろうからね。

とりあえず、これから早稲田を目指すなら、普通の努力ではなく**〝過剰な努力〟をするしかない**。だって、キミが小・中・高と楽しいひと時を過ごしてきた間、ライバルたちは脇目も振らずめちゃくちゃ勉強していたんだぜ。それを1年で塗り替えるというのだから、よほどのことをしないと。

もちろん、過剰な努力をしたところで合格できる確率はかなり低い。早稲田は日本でもトップクラスの難関大学だからね。

でも、**目指すことに意味があるんだ**。「偏差値35」という今まで勉強をまったくしてこなかったに等しいキミが、「早稲田」という夢に向かって全力で勉強に取り組むことで、これまでに味わったことのない充実した時間を過ごせるかもしれない。これは長い人生の中で、間違いなく貴重な体験になるよ。

夢は公言した者勝ち

キミは早稲田合格を「目標」と考えているかもしれないけど、傍《はた》から見ればそれは「夢」の領域だよ。「夢」って非現実的だし、人に話すのが恥ずかしかったりするじゃん。だけど、オレはどんどん公言したほうがいいと思っている。

堂々と夢を語ると、周りの人間がパワーを与えてくれるのか、自分の能力をフルに発揮できるようになるんだよね。

まあ、実際は大風呂敷を広げて引っ込みがつかなくなっているだけかもしれないけど（笑）。ただ、モチベーションが上がったり、プレッシャーが力に変わったりするのは事実だと思う。

"過剰な努力"とはどの程度を指すか？ 少なくともライバルたちより多くの時間を勉強に費やすことが必要だろう。機会を見つけてライバルたちの勉強時間を探ってみよう。

だから、キミがまずやるべきことは、親や友人に「早稲田の政経を目指している」と話すこと。最初はあきれられたり、バカにされたりするかもしれないけど、**人は無謀なチャレンジをしようとする**

人間を徐々に応援したくなるもの。キミの周りは一気に盛り上がるはずだよ。
そんなエキサイティングな1年を過ごして、結果的に「偏差値55の大学に合格」というのでもいいんだ。夢を持たなかったときより、確実にいい未来を引きよせたといえるからね。

大きすぎる夢や目標は、周囲に話して退路を断つ！
次に、今までの遅れをとり戻すため、過剰な努力をしよう！

悩み02

大学か専門学校か迷っています。将来の夢もなく、どっちに行くべきでしょうか？

高校を卒業したら、大学に行こうか専門学校に行こうか迷っています。将来の夢も特にないのですが、そういう人はどっちに行くべきでしょうか？

（高２・男子）

迷うくらいなら大学を目指せ！

夢はひとつだけでなくていい

大学か専門学校のどちらかに行くことは決めているんだね。とりあえず今迷っているのであれば大学に行ったほうがいいのかなと、個人的には思う。ただ、そこまでは決めていても夢がないのかー。正直なところ、オレはお笑い芸人になるという夢があったから難しいな……。

でも夢っていうと、1回選んだら引き返せないもののように感じてしまうかもしれない。だけど、**絶対にひとつだけ選ばないといけないわけではない**し、叶えられなかったら**何度でもやり直せる**んだよ。

たとえば、「サッカー選手になりたい」って夢があったとしても、必ずしも全員が叶えられるわけではない。目指している途中で「自分には向いていない」って気づいて諦《あきら》める人も少なくないだろうし。

オレも昔サッカーをやっていたんだけど、自分は特別足が速いわけでもないし、背が高いわけでもパワーがあるわけでもない。自分よりもうまい人にたくさん出会って「オレにはサッカーの才能がないな」って強烈に思ったんだ。「自分には才能がない」って思う瞬間はすごくツラいけど、これはすごく大事なことだと思うんだよ。**自分に何が向いていないのかを知ることで見えてくるものもたくさんある**からさ。

「自分に向いていないこと」がキミの進路のヒントにも

夢を見つけるには、自分には何の才能がないのかに気づくことも必要なんだ。

だけど、やってみないと向いているのか向いていないのかもわからない。だから、まずは興味のあることをやってみるといいよ。やってみて「なんか違う」「向いてなかった」をくり返していくうちに、最後に残るものがあると思う。それが夢の答えなんじゃないかな。

迷うならまずは大学へ。
いろいろなことをやっていくうちに、
自分に向いていることと向いていないことがわかるはず。

高校卒業後に大学の薬学部に行って、大手の薬品会社に勤めていた同級生がいるんだ。働いているうちに「薬品をつくるだけじゃなくて直接患者さんと向き合いたい！」って思って、今は医大に通っているんだよ。

やってみて「違う」と思えば、いくらでも方向転換はできるんだよね。何回もいろいろなことを経験できるから、すごく分厚い人生になっていく……それもいいなって思うよ。大学でいろいろなことにチャレンジしてみて、夢を見つけていくといいかもね。

夢を見つけるためには、まずは興味があることをやってみよう。やってみて「違った」と思う経験を重ねて、最終的に残ったものが自分の夢かも。

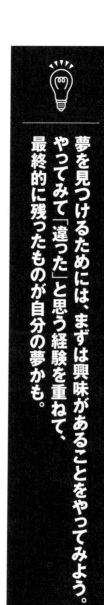

悩み03

行きたい大学があるのですが、親が賛同してくれません……。

志望校への受験について、親があまり賛同してくれません。親は有名大学に行かせたいみたいなのですが、私は志望校でやりたいことがあるんです。でも、受験費用を出してくれるのは親だし……どうしたら親の賛同が得られるのでしょうか？

（高3・女子）

親を納得させる材料をありったけ用意しろ！

親は子どもの〝壁〟になっている⁉

これは子どもが大人へと成長する過程で通らなくてはならない、典型的な試練だね。基本的に子どもは「親の言うことが正しい」という環境で育つのだけど、物心がついてくると徐々に親の敷いたレールから外れたくなってくる。

まさに今キミが置かれているような、将来にかかわる進路選択を迫られたときなんかにね。

ただ、大事な決断を下すべき状況で自分と親の意見が割れたとき、「なぜ親の言うことを聞かなくちゃいけないんだ!」と**反抗心だけで自分の意志を貫こうとするのはよくない**と思う。

親は子どものことを考えたうえでレールを用意しているのだから、キミも相応の理由で親を説得しないといけない。「志望校への受験について、親があまり賛同してくれません」というのは、親からの許可・承認を得るための話し合いがきちんとなされていない証しだよ。

きっとキミの親御さんは、どうしても自分の意見を通したいわけではなく、「子どものために自分が壁になろう」という意識があるのだ

頑固な親を説得するのであれば、真剣な話し合いの場を設けなければならない。食事中になんとなく話しかけたりしても、まともに相手にしてもらえないだろう。

と思う。だからこそ、自分が提示する安全策を上回る提案をもらえたら、「この子はここまで立派に育ってくれたのか」と感動して、キミの決断を快く応援してくれるはずだよ。

親を説得するプレゼン資料を用意すべし

多くの親は、子どもにリスクの低い道を歩んでほしいと願い、安全な道を用意する。となると、**親の説得に必要なのは、リスクが発生したときの対処法**ということになる。オレが芸人を志したときは、リスクの対処法を手紙にまとめたんだ。

まず初めに考えたのは、「売れなかったらどうする？」「大学まで行ったことがムダにならないか？」というリスクについて。オレの結論は、「大学は卒業する」「留年などで発生する費用はバイトして払う」「数年間チャレンジして芽が出なければ一般企業に就職する」「就職に向けて資格も取得する」というもの。

さらに、父親の「芸人」という仕事への理解度の低さを予想して、「芸人は反社会的な仕事ではない」

「社会貢献をしていきたい」「自分の教育に多くの費用を費やしてくれたことに感謝している。芸人になっても、これまでに培《つちか》ったことを生かしてがんばっていきたい」ということも記し、話し合いの前にこの手紙を父親に読んでもらったんだ。

これが効果テキメン！　夢に向かう決意とリスク回避の手段が明確に示してあるから、父親も認めざるをえなかったんだよね。

どう？　これと同じこと、キミもできそうかな？　**自分の好きな道を選ぶ際、親の不安をとり除いてあげるのも子の務め。**自分から積極的に話し合いの場を求め、これから進もうとしている道について噛《か》み砕いて説明してあげよう。キミのプレゼン次第で、親の考えはきっと変わるはずだよ！

具体的な「リスク対処法」をもって説得すれば、親はキミを応援してくれるはず！

悩み04

行きたい大学と行きたい学部、どっちを選ぶべきですか？

どうしても行きたい大学があります。
ただ、レベル的に受かりそうもないので
一番偏差値が低い学部を狙おうと思っていますが、
本当に行きたいのは別の学部です。
やりたい勉強と行きたい大学、どっちをとるべきだと思いますか？

（高3・女子）

行きたい大学を選べ！

大学名を「資格」と見なせ！

おもしろくていい質問だね。実は、オレは法学部に行きたいと思っていたんだよ。進路を考えるとき、文系というのは決まっていたけど、どの学部にしようかというのはなかなか決まらなくて。文学部は女の子が多いイメージだし、小説が好きなわけでもないし。経済はあまりよくわからないし。それで、法律だったら就職率もよさそうだし、なんとなく法学部という響きがかっこいいなと思って（笑）。そんな勝手なイメージで、法学部を志望するようになったんだよね。

結局、早稲田と慶應の両方を受験したものの、慶應の法学部は落ちて早稲田の法学部に受かったんだ。ここでまさに同じ問題にぶつかったんだよね。

実は、大学でいえば早稲田ではなく慶應に行きたかった。慶應の他の学部は受かっていたから、行きたい大学を選ぶか行きたい学部を選ぶかで悩んで……。考えた結果、大学が勝ったから慶應の経済学部に進んだ。

大人になった今、大学名を聞かれることは多いけど学部の話にはあ

まりならないから、あのときの選択は間違っていなかったのかなと思うよ。

「大学に行く=資格をとりに行く」というような意識も大事だね。企業の採用担当者に「この大学に行くだけの事務処理能力は最低限ありますよ」というアピールになると考えてみれば、迷いもなくなるんじゃないかな。

学部よりも大学名を聞かれることのほうが多い。
どうしても勉強したいことがあるなら別だけど、
個人的には大学名を選ぶほうがオススメ。

やりたい勉強が変わることも

行きたい学部も受かりやすい学部も、とりあえず全部受験すればいいと思うんだよね。志望校の行きたい学部に受かれば一番いいわけだから。そのうえで、オレと同じような受験の結果になったときに考えればいい悩みだと思うんだ。

やりたい勉強があるというのは素晴らしいことだよね。でも、意外と大学に入学してからやりたいことが変わる人も少なくないと思う。今の段階でなんとなくやりたいと思う程度なら、勉強し始めて変わる可能性もあるし、入学してから別の学部に転部するということもできなくはないはず。
　もちろん仕事や資格に結びつくような専門的な学部だったら話は変わってくるけど、そうじゃないなら大学名で選ぶほうが個人的にはいいと思う。とりあえず、まずは第1志望の大学の、第1志望の学部に受かるようにベストを尽くそう！

大人になったら大学名を聞かれることのほうが多いかも。個人的には大学名をとるほうがいいと思う。

悩み
05

志望校のランクを下げるか、浪人か。どっちを選べばいいでしょうか？

志望校への合格が難しそうです。
大学のランクを落とすか、浪人するか、どっちにするべきでしょうか？

（高3・女子）

志望校のランクダウンと浪人を天びんにかけている時点で、大間違い！　間違った2択に陥るな！

正解なんてない！　すべての選択肢を一度整理してみよう

迷ったときは頭の中で選択肢を思い浮かべるのが大事。「A、B、Cを比べてどれがベストですか？」と考えるんだ。

悩み04で話したように、オレも大学受験で早稲田と慶應（と上智）を受けた。本当に行きたかったのは慶應の法学部。でも受かったのは慶應の経済学部と早稲田の法学部。

ここで自分に聞いたよ。「慶應に行きたいんですか？　それとも法学部に行きたいんですか？」って。その結果「オレはモテたい！　だから慶應に行きたいんだ！」と気づいたんだ。

でも結局、全然モテなかったんだよ！　だから、何が正解かなんてわからない。だからこそ、そのときに**どんな選択肢があるのかを整理して、自分なりの優先順位で選ぶしかない**。「東大じゃないとダメだ」と考える人もいるし、「浪人をすることで得られることもある」と考える人もいる。考え方は人それぞれでいいんだよ。

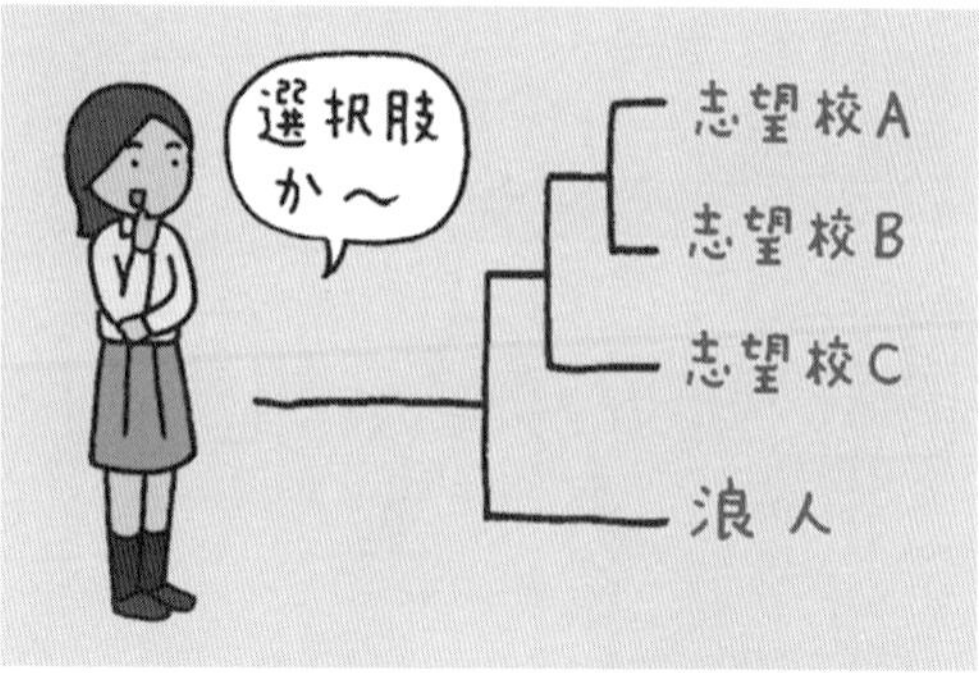

どんなに考えても「正解」なんてわからない。
だから今の自分を信じ、優先順位をつけて整理しよう。

滑り止め確保も「実力」のうち

自分にとってネガティブな選択肢はあまり考えたくないけど、それを想定することで、思いきって戦えることもある。

オレは若手の頃、「武勇伝」のネタをやるときに「ミスっちゃいけない！」ってことばかり考えていたんだ。でもそうすると肝心なときに失敗しちゃうんだよね。

今は「ミスしたらこうしよう」と不測の事態に備えてパターンが決めてあって、そのおかげで全力が出せるんだ。

だから「選択肢を考える」だけじゃなくて、「全力を出せるようにする」ことも大事。

時間は有限だし、環境は変わるし、ミスだって起こる。「実力を出せなかった」という言葉はあるけど、**出た結果が実力**なんだよ。

頭の中にすべての選択肢を思い浮かべつつ、
全力で「実力」を出そう！

悩み06

仮面浪人ってアリだと思いますか？

春から大学生です。
でも滑り止めの大学にしか受からなかったので憂鬱《ゆううつ》です。
いっそ仮面浪人しようかと考えていますが、それってアリだと思いますか？

（高3・男子）

仮面浪人という選択肢は絶対にありえないって！

〝つなぎの恋人（＝仮面浪人）〟はツラすぎる

要するに、進学する大学に納得はいっていないけど浪人するのはイヤだと。そこで、一応進学するけど並行して受験勉強してもう一度チャレンジしようということね。オレの友だちにも、慶應に受かったけど、絶対に東大に行きたくて仮面浪人して東大に行った人がいるよ。

でもね……**仮面浪人する人はその先の人生で苦しむ**と思うんだ。

というのも、その友だちは東大に入学できたけど、就職ですごく苦労したんだ。それは「仮面浪人をしたから」じゃない。仮面浪人をするような性格だったから苦労したんだ、と後になって思ったんだ。

だって浪人するなら、仮面で入学する必要なんてないはず。学費だってかかるし、どうせ辞めると思ったら学校生活も楽しくない。正直に仮面浪人していることを話したら友だちなんかつくれないから、それを隠すことになる。だけど秘密を隠した状態で、心から友だちになんてなれないよね。どことなく後ろめたい雰囲気は周囲にも伝わってしまうものだし。そんなことを考えたら、絶対に仮面浪人を選択するのはありえないはずなんだ。

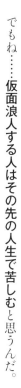

仮面浪人した先の大学では
友だちをつくることも難しいよね。
せっかくの学生生活も楽しめないよ。

仮面浪人を恋人にたとえてみようよ。

一番好きなのはA子だけど、絶対に無理だからとりあえずB子と付き合うことにする。そんなことをしても全然楽しくないし、第一、付き合った子に失礼だよね。仮面浪人だって同じことなんだよ。

リスクをとる潔さも大事

にもかかわらず仮面浪人したいと思うのは、周りの友だちに「どこにも受からなかった」と思われたくないし、だけどオレはこのレベルの大学しか行けないわけじゃないって自分で思いたいんだよね。

どうしても行きたい大学があって受験するというなら、それはストイックで素晴らしい。だけど、もし仮面浪人しても受からなかったとしたら、きっとその大学に通い続けるんだよね。そうやって保険をかけるのが、非常にまずい考え方だと思うんだ。**自分を守るためにリスクをとろうとしないのは後々危ない。**

オレの友だちの話に戻るけど、その人がなぜ就職で苦労したかというと、**社会では学歴以外の部分も重要**だからなんだ。体育会系でスポーツをやってきて、東大よりは偏差値は落ちるけどそれなりの学歴もある……そういう人は就職するときにものすごく強いんだよね。そこで東大に入ったことだけがすべてではないと思い知ったんだ。

仮面浪人していた大学のことを少しバカにしていたのに、その人たちに勝てないことを痛感してしまう。だからそこで苦しんでしまうんだよね。そういうわけで、とにかく仮面浪人だけはしちゃダメだ、とオレは思うよ。

行きたい大学があるなら浪人すればいいはず。仮面浪人している間は、学校生活も楽しめないよ。

悩み07

将来働きたくないです。働いていて楽しいと思うことはなんですか？

将来働きたくないです。今のところ大学に進学する予定ですが、早く結婚して、仕事はしたくないなってことばかり考えてしまいます。中田さんが働いていて楽しいと思うことはなんですか？

（高3・女子）

「働きたくない」というのが自分の進みたい道なら、それはそれでいいと思う！

「働きたくない」をポジティブに考えればいい

なるほど、はっきりと「働きたくない」っていう気持ちが自分の中にあるんだね。たしかにそういうふうに感じる人は多いのかもしれないな。オレも周りの人もそういう悩みがないから、実はその感覚がよくわからなかったんだよね……。だけど、この悩みが悪いものだとは全然思わない。

「働きたくない」というとネガティブな響きがあるけど、働くことが必ずしも素晴らしいわけではないと思うんだよね。お金を稼ぐためになんとなく仕事をしている人だっているけど、それは悪いことではない。結婚して仕事をしないというのも選択肢のひとつだろうし。

ただ、「働きたくないから結婚したい」という消去法で選ぶのではなく、もっと前向きな理由がある必要はあると思うけどね。**後ろ向きな選択だったら、後悔することもある**かもしれないからさ。

働くことって、喜びだし、社会参加なんだよね。オレにとって「働くこと」は、サイコーにうれしいし、幸せなこと。

たとえば、定年退職しても、もっと働きたい、何か人の役に立ちた

結婚したいというなら、それもひとつの選択肢かも。
ただ、なんとなく仕事をしないで結婚する道を選んで、
後で後悔しないようにね。

いという人たちはたくさんいるでしょ。人間って、潜在的に「労働したい」って思っているはずなんだ！　だから、キミにもいつか、そう思えるときがくるかもしれないよ。オレはそう思う。

やりたいことがないほうがいいときもある

ただ、働く楽しさについて質問しているということは、仕事に対して興味が一切ないわけではないのかな。オレの場合は「仕事でこんなことがやってみたい！」という思いが強いんだ。だから正直なところ、「何がしたいのかわからない」とか「働く意味ってなんだろう」と考える気持ちがわからないんだよね。でも、明確にやりたいことがなくったって別にいい。**やりたいことがないというのはひとつの才能でもある**んだ。

実は相方の藤森（慎吾）はそういうタイプでね（笑）。強烈に何かがやりたいというわけではない。ある仕事のオファーがきたときに、藤森が「うまくできるかわからないけど、ちょっとやってみるわ」

と言ったことがあったんだ。オレは「うまくいかないならやらないほうがいい」と止めたんだけど、そうしたら「断る自信がないんだよね」って言うんだよ。「この仕事を断っても平気だという自信が自分にはないから、とりあえず言われたことはやるんだ」って。それを聞いてね、これは才能なんだと思ったよ。

もしオレみたいな人ばっかりだったら、全員が自己主張して意見がぶつかるからうまくいかないよ。夢がある人って、逆に言えば「やりたくない」と思うことも多いから。こだわりがない人のほうが、柔軟性もあっていろいろなことにチャレンジできる面を持っていると思う。いろいろなタイプの人がいるから、自分らしい道を選べればいいと思うよ！

働くことに対して、いろいろな考えの人がいる。自分らしい将来を考えてみて。

中田語録

言い訳するな!
そのとき出た結果が、
キミの「実力」だ!

目指すことに意味がある。
どうせなら
高い目標を掲げろ!

夢は
ひとつじゃなくていい!
何度でもやり直せる

チャレンジをくり返して、
最後に残るものが
キミの夢になる!

第2章

勉強の仕方、知ってる？

受験勉強について

悩み08

これまでほとんど勉強したことがなく、何から始めていいのかわかりません……。

いい大学に行こう！ と思うものの、これまでほとんど勉強したことがなく、何から始めていいのかわかりません……。基礎の内容もわからない人は、どんなことから勉強したらいいですか？（高1・男子）

始める前から「正解」を求めるのがそもそも大間違い！ とにかく、なんでもいいからテキストを開け！

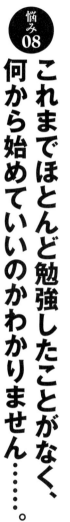

勉強のやり方に正解はない

「今まで勉強してこなかったけどがんばろう」と思っている気持ちはすごくいいね。オレも「自分はモテないし暗くて人見知りだからダメだ」って思っていた反動で、お笑い番組を見て話がうまくなるように勉強したのを思い出したよ。「苦手だと思っているけどなんとかしたい！」って思ったときに、実はすごいパワーを発揮することってあるよね。だから、キミはもしかしたらこれから先ものすごく勉強が得意になっちゃうかもよ。

ただ、そこで何から勉強していいのかわからないということだね。実は**テストに正解はあっても、勉強の仕方に正解はない**んだ。もっと言えば、正解は人によって違うと言ったほうがいいかもしれないね。勉強というのは、自分に合った勉強方法を探すところから始まるんだと思う。勉強も家電やパソコンと同じだよ。いじってみてわからなかったら説明書を読め、ということ。とりあえず、**なんでもいいから始めてみるのが大事**なんだ。

「いい大学」と言うからには、具体的にどこかの学校を思い浮かべて

自分にとって、どんな勉強が必要なのか考えてみよう。
それがわかれば、自然と何をやるべきなのかがわかるはずだよ。

いるのかな。どこの大学を志望しているか、さらにはどこの学部に行きたいかによっても勉強方法は変わってくるよね。合格するためには、入試に出ない問題を勉強してもしょうがないし。どんな問題が入試で出ているかは、過去問を見ればわかるはず。ほら、だんだんと自分にはどんな勉強が必要なのか見えてこないかな？

すべて勉強する必要はない

「基礎がわからない」とひとことで言っても、どこまでがわかっていてどこまでがわかっていないかによっても違うよね。**現状の学力と、これから先必要な勉強を把握することから、まずは始めてみてほしい**な。

オレもね、実は同じように「どうやって勉強したらいいのかわからない」と思ったことがあったんだ。海外旅行に行くようになって、英語がしゃべれないことを痛感して、それで、どうやったら英語ができるようになるだろうと思って。

だけど、オレにとってはあくまでも海外旅行に行ったときに困らない英語が必要なんだよね。だから社会人が使うようなビジネス英語も、英語の資格も、英語のスペルを覚える必要もない。旅行で使う英会話表現さえ覚えればいいいんだ。

全部やろうとすると、時間がいくらあっても足りない。自分にとって必要な勉強だけやろう。それが何かを知ることが一番の勉強かもしれないね。

必要な勉強は人それぞれ違う。自分に必要な勉強が何かを知ることから始めてみよう。

悩み
09

頭をよくするための訓練ってあるのでしょうか？

ぶっちゃけ、頭がよくなくて悩んでいます。物覚えは悪いし、作業を効率的に進めることも苦手です。頭をよくするための訓練ってあるのでしょうか？

（高3・男子）

頭がよくないと自分で言うな！
長所を見つければいいんだ！
苦手なことは他で補える！

自分の勝ち目はどこか、徹底分析しよう

これは悩み⓫の「究極の暗記法を知りたい」という相談でも触れるけど、大前提として物事を覚える能力には個人差がある、と肝に銘じておこう。だから、これから先キミの能力が飛躍的に高まる可能性は低いと思うんだ。

だからこそ**自分に与えられた才能をうまく活用するしかない**。そのためには各科目でさまざまな勉強法を試すことが必要。「自分にはどんな勉強法が向いているのか？」「なぜその勉強法だと作業がはかどるのか？」といったことを見ていくうちに、自分の得意・不得意を把握できるし、自分の能力を最大限引き出す勉強法が見えてくるんだ。

受験の勝ち負けは、自分の得意分野を理解し、勝てる土俵で戦うことにかかっていると言っても過言ではない。そのためには自分の長所を理解しておく必要がある。

ところが「自分は頭が悪い」と感じている人の多くは肝心の自己分析ができていないんだ。キミの問題もそこにある。まずは自分の勉強

スタイルを見つめ直すことから始めてみよう。

本当に大事なのは〝社会で生き抜く頭のよさ〟

キミの悩みは受験生なら抱いて当然のもの。ただ、受験勉強で求められる能力以外にも、世の中にはたくさんの「頭のよさ」があるよね。個人的には物事の処理能力が高い人より、状況に応じて相手を気遣える、人の心を読むのが上手な人のほうが、よほど頭がいいとオレは思うんだ。

結局、人生で大事なことって、社会というジャングルの中で自分の武器を生かして生き抜くことじゃない？　そのために必要な頭のよさがあれば、その種類はなんでもいいわけさ。

人生は戦いの連続だ。
受験生であれば、「大学受験」というジャングルの中で
自分がどういう武器を強みにするタイプかを考えておきたい。

キミもいったん受験から離れて、「自分が持っている頭のよさはどんな能力だろう？」と広い視野で考えてみたら？　きっと自分の長所が見えてきて、少しは自信が生まれてくると思うよ。

だから、安易に「自分はダメ」と言ってほしくない。そうすると、うまくいかないときにずっと言い訳し続けることになるからね。

もし、自分自身をどう見つめ直せばいいかわからないのなら、他人を見ることから始めてみるといい。「この人、頭いい」と思う人の短所と、「この人、頭はあまりよくないかも」と思う人の長所をそれぞれ考えてみる。そうすると、**人間は誰もが一長一短で、それぞれ得意分野を持っている**ことがわかるから。ぜひ試してみて！

頭のよしあしの判断はいろいろ。
キミの頭は何に使えばよくなるか、考えてみて。

悩み10

音楽を聴きながらの勉強はよいのでしょうか？

僕は音楽が大好きで、勉強中もＢＧＭを流しています。
作品としては、B'zやＢＯØＷＹなどのロック系の音楽が中心。
「クラシックを聴くとはかどる」とよく聞くのですが、
ロック系はどうでしょうか？
そもそも音楽を聴きながらの勉強はよいのでしょうか？

（高3・男子）

歌詞がある曲はオススメできないな……。

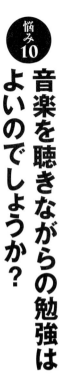

〝歌物〟のBGMは勉強の妨げになる!?

いわゆる〝ながら勉強〟ってヤツだね。個人的には「音楽を聴くのはいいけど、歌詞がある曲はNG」という感じかな。勉強は左脳を使う作業。歌詞を認識するのも左脳なんだよね。やっぱり歌詞の影響力って強いから、ロックをかけながらだと、常に歌と勉強のふたつの情報が脳内に流れ、どちらかのチャンネルに合わせることになると思うんだ。勉強に集中しているときは歌が遮断されるし、集中力が途切れているときは歌が聴こえる、みたいな。これは効率的な学習とはいえないよね。

そういう理由もあって、個人的には「**文字情報がなくて心が安らぐ音楽**」**がオススメ**かな。受験生だった当時、オレは『世界の車窓から』で流れているようなクラシック寄りのカフェミュージック系の作品をBGMにしていた。リラクゼーション系のCDってインテリアショップやカフェにけっこうたくさん置いてあるじゃない。あの手の作品の中から気持ちが落ち着きやすいものを選べばいいと思うよ。

受験勉強のBGMにラジオを流している人もいるだろう。
孤独が紛れる一方、断続的に集中力が途切れるデメリットもある。
その点を理解したうえで適度に利用したい。

BGMってホントに必要？

もう少し踏み込んで、別の角度からBGMの必要性について考えてみようか。

たとえばジムでランニングをするとき、オレは音楽を聴かない派なの。なぜかというと、音楽って作品によって演奏時間がだいたいわかるでしょ。すると曲が切り替わるたびに、「あれ？　まだ4分……!?」とか時間を意識しちゃうわけ。ランニング中に時間を意識すると地獄だからね。走りに没頭できなくなる**余計な情報は頭の中に入れない**ようにしているんだ。

これを受験勉強に置き換えると、「勉強の苦しさを紛らわすために音楽をかけたら、かえってツラさが増した」という状況だよね。孤独感を埋めるためにかけたのに余計孤独になったり、集中するつもりがかえって気が散ったり。あるいは、作品の演奏時間を気にして勉強時間を過剰に意識してしまったり……。

こうしたデメリットを考慮すると、やはり先ほどオススメしたような情報性の低い作品が望ましいという結論になるんだよね。

え？　B'zやBOØWY？　正直、受験勉強には向いていないと思うけど……。

左脳の働きをジャマするものはシャットアウト！カフェミュージックのような、歌詞がなくて、心の安らぐ作品をBGMにしよう！

悩み11

暗記が大の苦手です……。究極の暗記法があれば教えてください！

僕は暗記が大の苦手です……。
英単語、公式、年号、人物名……
何からどうやって覚えればいいかわかりません。
あっちゃんが編み出した究極の暗記法があれば教えてください！

（高3・男子）

すべてに対応した暗記法なんてない！

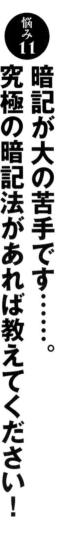

他人の暗記法が自分に合うとは限らない

究極の暗記法か……。これは結論からいうと、自分で見つけるしかないんだよね。暗記の方法は人によって違うから他人のやり方を聞いても仕方ないというか……。

たとえばロザンの宇治原（史規）さんってものすごくクイズが得意なんだけど、彼は一度聞いたことを忘れないらしい。そういう特別な才能に恵まれた人に暗記のコツを聞いても、「え？　話を一度聞いたら頭に残るやん？」となってしまう。これじゃ、なんの参考にもならないよね。

シビアな話だけど、物事を覚える能力には個人差があって、同じ暗記法を試しても成果は人それぞれ。当然、人と比べても意味はない。

重要なのは、記憶力や記憶の仕方など、**キミに与えられた条件の中で一番高い効果を生み出す方法を探っていくこと**なんだ。

だから、まずはふだんやっている暗記法をベースとして、他のやり

自分に合った暗記法を探るには、自分を客観的に見つめる"もうひとりの自分"をつくることが大事。自分の行動を冷静に分析することで、今まで気づかなかった自身の性質を発見できるはずだ。

方と成果を比較してみたらいいんじゃないかな。この作業を続けることで、どんな暗記法が向いているのか、自分の傾向が見えてくると思うよ。

記憶の仕方のクセを発見せよ!

いろいろな暗記法を試すにあたって、まずは市販の参考書から始めてみようという人もいると思う。

ただ、有名な参考書に載っているのが必ずよい方法だなんて思わないでほしい。一般向けに開発された暗記法はとっつきやすいものが多いんだけど、だからといって誰もが高い成果を上げられるとは限らないからね。すぐにやり方を絞らず、幅広く試してみよう。

たとえば、歴史モノの暗記なら、「マンガを読む」「歴史上の人物をイラストに描いてみる」「大河ドラマや映画を見る」という方法もいいかもしれない。先輩芸人の小島よしおさんは、ミスチルの『CROSS ROAD』の曲にのせて、徳川将軍のすべてを覚える……なんてやってたんだって。

いろいろ試す中で、おそらく暗記法にも好みが出てくるはず。そうしたら、**どれだけ暗記できたかという結果だけを見るのではなく、「なぜ好きか?」「どのへんが嫌いか?」も分析してみよう。**好みを探っていくうちに〝記憶の仕方のクセ〟みたいなものが見えてくると思う。

そのクセをたくさん集めることで、キミの〝カルテ〟ができ上がっていく。

カルテにはどうしたら効率的に記憶できるか、そのヒントがたくさんつまっているのだから、そこから自分に最適な方法を導き出せばバッチリ! それこそが究極の暗記法だよ!

まずは、さまざまな暗記法を試して、自分の暗記のクセを把握すること。そのクセを総合して、自分に最適な暗記法を見いだそう!

悩み12

夏休みはどんな勉強をすればいいですか？

「受験生の夏休みは山場だ！」と先生からよく言われます。
たしかに長期休みだし大事なのはわかりますが、
何をしたらいいのかわかりません。
中田さんは夏休みにどんな勉強をしていましたか？

（高3・男子）

夏休みだからといって特別な勉強は必要ないよ！

長い休みだから気を引き締めて

受験生の夏休みに大事なのは、特別な勉強をするというよりも、**しっかり計画を立てる**ことだと思う。夏の間にどこまでの範囲をやろうとか、ここを克服しようとか。それを決めたうえで、「じゃあどんなことをやればいいのか」というプランを考えて実行しよう。これは休みの間だけじゃなく、ふだんからやっておくべきことだと思うけどね。

オレが受験生だったときは、休み中だったから自習室にはよく行っていたけど、予備校の夏期講習なんかには行かなかったな。これまでと変わらず、いつも通りの勉強をしていた。

たしかに受験生にとって大事な時期ではあるけど、**夏の勉強で急速に学力が上がるなんてことはない**と思う。

休み前からコツコツやっていた人なら、「夏休みは山場だ」みたいな謳《うた》い文句を気にすることはない。「長期休みでサボりがちになるからがんばれよ」という引き締めの言葉にすぎないから、あんまりプレッシャーに感じなくても大丈夫。

夏休みだからといってたくさん勉強する必要はない。
学習プランを立てて、いつも通り進めよう。

夏休みを特別視しない

夏は長い休みだからこそ、夏期講習や特別な対策授業があったりすると思うけど、これまでちゃんと勉強してきていたのなら、新しいことをやる必要はない。

そういえば、吉本（興業）の養成所に通っていたときも、「お笑い夏合宿」ってあったな。合宿中、みんなで大喜利をやったりネタを見せ合ったりするような特別なカリキュラム。オレは絶対に行かないって藤森に言っていたけどね。「本当におもしろいやつは、こんなところに行かなくても売れるんだ」って（笑）。

世の中、夏に期待しすぎだと思うんだよね。「夏に○○をすればモテる」とか、「夏休みに海の家でバイトしたら彼女ができる」とか（笑）。夏だからって気負いすぎないほうがいいと思う。**安定してコツコツできるタイプのほうが絶対に伸びる。**

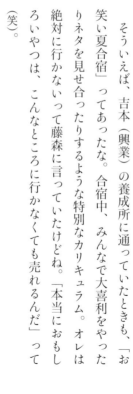

先生の言葉に焦ったところで、みんな平等に1日は同じ1日。あまり根つめずに、適度に夏休みもエンジョイしながら勉強するのがいいと思うよ。

これまで通り、自分のペースで計画的に進めること。休みだからって、「毎日10時間勉強する」みたいなことをしなくても大丈夫。焦らずコツコツ、ふだん通りでいこう。

夏休みはいつもと同じ日々の延長線上にある。これまで通り、自分のペースをキープしよう！

悩み13

ケアレスミスをなくすには どうすればいいですか？

僕は理系なのですが、九九や分数などの初歩的な計算で間違うクセがあって悩んでいます……。受験ではケアレスミスが命とりになりますよね!? あっちゃんは軽率な失敗をしないために、どんな工夫をしていましたか？

（高3・男子）

ミスは誰でもする。 きちんと見直して修正すれば問題ない！

できない問題は捨てる勇気で見直し時間をキープ！

あ〜、そんな「自分はミスしやすいタイプの人間だ……」なんて思い込んじゃダメだって！　ケアレスミスは誰でもするんだから。精密な機械を働かせても不良品ができることもあるし、どんなに賢い人間だってミスはする。そこを理解して対策を打っている人と、そうでない人がいるってだけの話だよ。

まあ、対策はいろいろあると思うけど、オレはとにかく見直しを徹底していたね。たとえば制限時間60分、問題数5問というテストの場合。1問10分、見直し10分というスケジュールを立てたものの、最後の問題が10分以内に解けず、さあ、どうする？　……なんて事態が起きたりするよね。

キミなら、どうする？　オレなら間違いなく、最後の問題を諦《あきら》めて4問目までの見直しをするね。だって、受験はグループの中で上位に入れば受かるわけじゃん？　別に**満点をとる必要なんてないんだから、解けない問題は捨てればいい**。逆に、見直しをしないで、とれる問題を落とすほうが危険だよね。

制限時間内に出せる結果が自分の実力

受験中は周りが強力なライバルばかりに見えるもんさ。だけど、すべての範囲を完璧に勉強できている人なんて、まずいない。**とれる問題を確実にモノにした人が合格しているだけ**なんだ。

そう考えると「絶対に100点をとらなきゃ……」なんて自分を追い込む必要がなくなってくる。実力通りのことをやれば結果はついてくる、と。

受験生時代、テスト中にやりがちだったミスが、漢字の書き間違い。みんなもこのあたりの文字はよく間違わない？

これは社会人も同じなんだ。締め切りをすぎて100点の資料を出す人より、締め切りを守って80点の資料を出す人のほうが評価される。クイズ番組の収録でも、「う～ん……」とか言ってやたらと粘って時間を浪費する人がいるけど、周りからは「どうせ考えても何も出ないんだから、早くしようよ」って思われているだけ（笑）。

要は「**時間内に出せない力は実力じゃない**」と認めることも重要なんだ。

試験中の心構えと見直しの重要性を理解したら、点検作業の効率化についても考えてみよう。たとえば、英文で「a」をつけるところで「the」にしてしまう、文頭で大文字にするのを忘れる、など。どこで自分が間違いやすいかを知るためには、参考書や問題集をどんどんやろう。ミスにはその人の〝クセ〟が必ず出るものなんだ。そういう自分の失敗の傾向をまとめておくと、本番でも効率的に見直しができるよ！

テスト中に必ず見直し時間を確保し、確実性の高い問題をしっかりとモノにすること。それが受験を制する近道！

悩み14

センター試験の英語の点数を飛躍的に高めるには?

センター試験の英語で、点数が全然とれません……。どうしたら一気に高得点をとれるようになりますか?

（高3・男子）

洋楽のアイドルの曲を聴きまくろう!

〝センター試験対策問題集〟をひたすら解いてみる

このたった2行の相談にキミの甘さが凝縮されているな……。

センター試験って基礎中の基礎だぜ。つまりキミは「僕は基礎ができていません。どうしたら一発逆転できますか？」という相談をしているのと変わらないわけさ。厳しい言い方になるけど、受験生として今の状態は恥じたほうがいいと思うよ。

で、質問に答えると、基礎ができていない人でも一気に点数を稼げる方法なんて、もちろんない。そんな一発逆転を考えるより地道に勉強すべきだね。

もし努力の仕方がわからないということであれば、ひとまずセンター試験対策の問題集をひたすら解くことをオススメしたい。**センター試験は「これだけは覚えてほしい」という内容を機械的に出題しているだけなので、傾向をつかむことが重要**なんだ。

〝英語〟を身近に引きよせてみる

キミが英語の勉強に対してどうしてもモチベーションが上がらない

英語の学習は単語がわからないと始まらない。
暗記モノの勉強は休憩時間や
移動中のあき時間を活用しよう！

というのであれば、こんな方法も試してほしい。ズバリ、海外のアイドルやアーティストの曲を聴きまくること！

オレの受験生時代だとアヴリル・ラヴィーンなどが人気だったし、今だとテイラー・スウィフトとかが注目されているのかな。とにかくかわいいアーティストの歌を聴き込んで「絶対にこの子とお近づきになる！」と考えてみるんだ。

すると、英語の歌詞も徐々に読めるようになってくるし、英語への抵抗感も徐々に消えていく。**抵抗感さえなくなれば、自然と勉強がはかどる**から、ぜひ試してほしい。英語がキミにとってグッと身近なものになるはずだよ。

ちょっと話はそれるけど、オレは、〝習った英語〟と〝使いたい英語〟にギャップを感じたことがあるんだ。**悩み08**でも触れたけど、海外旅行するようになって、リアル英語に直に触れたのがきっかけ。ちょっとしたことが伝えられなくて、「あ、オレのほしい英語はコレだ！」と気づいたんだね。外国人に話しかけてみたり、英語しか使えない環境に思いきって飛び込むのもアリかも。荒療治だけど、イヤでも英語への抵抗感はやわらいでいくよ。

ちなみに映画で英語を学ぶ人もいるけど、キミにはあまりオススメできない。映画はジャンルがいろいろあって、専門用語がたくさん飛び交う作品もある。日常的に使える言葉はそれほど学べないんだ。

その点、音楽は「愛」「夢」「人生」について歌った作品が多い。特にティーンアイドルの作品なんかは、高校生にとっても身近なテーマが豊富だから、かなりなじみやすいと思うよ。

センター試験対策問題集をひたすらやってスコアアップを狙え！
英語への抵抗感をなくしたければ、洋楽を聴きまくれ！

悩み15

要領が悪い自分がイヤです。勉強しても成績があまり上がりません。

要領が悪い自分がイヤです。勉強しても成績があまり上がりません。
中田さんはなんでもできる器用なイメージがありますが、
どうしたらそうなれますか？

（高2・男子）

成果が出ていない現状の勉強法を見直そう！

戦略上手な人が結果を出す

うーん……器用っていうのは意外といいことではなかったりするんだよね。「なんでもできそう」というのは、要するに何かひとつに突出していないってことでもあるから。お芝居一筋でやっている人のことを「器用な役者さん」とは言わないもん（笑）。だから、器用なタイプを目指す必要はまったくない。

そこで相談に戻ると、「要領が悪くて勉強しても成果が出ない」という状態だね。ここでひとつ覚えてほしいのが、自分のことを要領が悪いという自覚があるなら、ある程度の〝ズルさ〟も必要だということ。

たとえば、**同じやり方で勉強していて成績が上がらないのであれば、別の方法を考えたほうがいい**。成果が出ない方法でやり続けるのはあまり賢い方法とは思えないんだよね。

勉強法だけでなく、受験科目を見直すのもひとつの手。得意科目があれば、苦手な分野をカバーすることができるし、得意科目だけで受

成果を出すためには、
今やっている自分の勉強法を見直してみよう。
もしかしたら今のやり方が合っていないのかも。

けられる学校を受験してもいいよね。本番で力が出せないタイプなんだとしたら、内申点を稼いで推薦を狙うのもアリだと思う。

そもそも「成績が上がらない」という悩みも漠然としてるよね。学校の成績？　塾の成績？　どの教科？　どのテスト？　もしかしたら、キミは現状分析を怠って何もしないうちから、ひとつの方法に固執しているタイプなんじゃないのかな？

努力する前に、努力のやり方を考えよう

世の中には、努力したくない人ってたくさんいるんだよね。だけどその一方で、がんばっているけれど成果が出ないっていう人も多いんだよ。

そういう人たちに言いたいのは、やめる勇気も必要だよということ。成果が出ないのに同じやり方でやり続けるのって、意外と楽なことでもあると思うんだ。だって何も考えずにやっているわけだからね。キミにも思いあたることが、あるんじゃないかな？

勉強以外でも同じことで、オレらオリエンタルラジオも漫才を一生懸命がんばった時期もあったんだよね。でも10年やっても、結局なんの成果も出なかった。そこでやっと漫才は向いていない、このやり方は違うんだって気づいたんだ。それに気がつくのに10年かかったんだよね。

がんばる前に、がんばり方を考えることをがんばる。成果が出ないと思ったときには、一度やり方を見直してみるといいよ。

勉強法や受験科目を見直して成果が出るものを続けよう！
〝やみくもにがんばる勉強法〟にサヨナラしよう！

悩み16

早起きして勉強したいけど、いつも起きられません。

休日、早起きして勉強したらすごく集中できたので、平日も朝から勉強しようと考えています！　……が、前日の疲れがあるせいか、思うように早起きができません……。理想は5時30分起床ですが、実際は7時30分起き。それも目覚まし時計に気づかないため、母親に起こしてもらっている始末です。

あっちゃんは早起きして勉強するとき、どうしていましたか？

（高3・男子）

母親に頼るんじゃねぇ!!

何がなんでも起きるため予防線を張りまくれ！

早起きしたほうが勉強がはかどることに気づいているなんて、キミは素晴らしい！　夜は誘惑が多いし、ダラダラ過ごしがち。それに比べて、**朝は時間を有効活用できるから、自習にも最適だ！**

ただ、睡眠のサイクルを変えるのは簡単じゃない。オレの経験上、早起きは3日続ければ楽になるんだけど、とにかく1日目がキツいんだよね。じゃあ、どうすれば初日を乗りきれるか？　まずは寝る時間の見直しから始めてみてはどうだろう？

24時に寝て翌朝5時30分に起きるのは、体力的に厳しいはず。それなら「今日は23時に寝てみよう」「明日は22時」と、少しずつ時間を変えてみるのがいいかもしれない。さまざまなパターンを試していくうちに、きっと適度な就寝時間が見えてくると思う。

アラーム音に気づかないのであれば、目覚まし時計の数を増やすなり、スヌーズを強力に設定するなり、今より対策のレベルを上げることも必要だね。

ちなみにオレも、受験生時代は常に眠かった記憶がある。いくら寝ても寝足りないから、完全に眠気をとり払うことを諦めたんだ。すると、「いつ起きても眠いなら、少しでも早く起きよう」と思えるようになってさ。気の持ちようも意外と大事かもしれないぜ！

よく眠れるように
催眠術かけようか
ホーラ
母ちゃん特製スタミナ
ドリンクよ～
・・・
合格
母親がよかれと思ってやっているサポートが、実はありがた迷惑だったりすることも。受験において、親に甘えることはあまりプラスに働かない。

"母親からの自立"が受験を制す

早起き対策はいろいろ試すといいと思うけど、ひとつだけやっちゃいけないことがある。それは母親に頼ること！

キミも経験ない？　母親に「5時30分に起こして！」と強く頼み込んだのに、「あの子はたくさん寝たほうが、背が伸びるはず」とか理解不能な理由であえて遅く起こされたりとか(笑)。もうね、ヤツらは完全に独自の理論で行動しているから、思った通りになんか動いてくれないんだ！

やっぱり、受験対策は自分でなんとかするのが基本。なんでも手伝おうとするタイプの母ちゃんと暮らしている人は、**早めに母親を切り離そう**。そして、「朝型になる」という目標を立てて、いろんな方法を試行錯誤して、自分自身の力でハードルを乗り越える。

ちなみに、**時間厳守、遅刻しない習慣は、今のうちに体にしみ込ませておくべき大事なこと**なんだ。大人になってからの遅刻はまさに命とり。信用や交渉力……何もかも失うことになりかねないぞ！

どう、できそうかな？　正直、これができない人は、志望校には絶っっっ対に受からない！　受験の本質は、目標をクリアするための方法を模索すること。早起きという小さな目標でつまずいているようでは、受験という大きな目標を達成するのは難しいよ。

ちょっと厳しい言い方になってしまったけど、受験を成功させる第一歩として、まずは母親抜きで朝型になることを達成してほしい。そしたら絶対に成績も伸びるから。

母ちゃんではなく、オレを信じてがんばるんだ！

自力で「早起き」を達成できれば受験も成功する！
遅刻で信用を失う社会人にならないように
今から準備しておこう。

悩み17

早起きをすると、必ず夕方に眠くなってしまいます。

夜中に勉強していると、親に「早起きしたほうが効率がよい」と言われます。
でも早起きをすると、必ず夕方に眠くなってしまいます。
夜型と朝型、どちらが効率がよいと思いますか？

（高3・女子）

体にリズムをつくって朝型にシフトしよう！

夕方眠くなっても問題ナシ！

なるほど。たしかに受験生は夜遅くまで勉強している子も多いかもね。

ただ、オレも朝早く起きて勉強するほうがいいと思っているよ。こういう勉強の相談を受けたときには「夜は9時には寝て、朝は3時に起きよう！」ってよく言っているんだ。早起きすると夕方に眠くなっちゃうっていうのもわかるんだけどね。

だけど、実はそれはあまり問題ではないと思っているんだ。

ちょっと考えてみてほしいんだけど、テストや試験本番っていつやるもの？

そう、日中なんだよね。だから**本番を想定して朝に勉強するクセをつけておいたほうが、当日に実力を発揮しやすくなる**んだ。

いつも夜中に集中して勉強していたら、いざ試験になったときに朝から頭をフル回転させるのって難しいからね。学校の授業だって夜までやることはないのだから、夕方に眠くなってしまってもいいんじゃないかな。そんなときは少し仮眠をとってもいいだろうし。

夜遅くまで勉強して、
テスト本番に眠くなってしまったら本末転倒。
本番に強くなるためにも朝型の体をつくろう！

布団の中でゆるゆると睡眠スイッチ、オン！

もちろん、いきなり「朝型にシフトしろ」と言われても、寝つけないだろうし、無理だよね。だけど人間って、布団の中で目を閉じた状態で長く起きていることのほうが難しいと思うんだ。

だからまずはベッドに早く入ることから始めよう。横になっていると体温が上がってポカポカしてきて、体が睡眠モードに入ってくると思う。まずは自分で体のサイクルをつくってみるといいよ。

なかなか寝られないのに布団の中にいるのなんてしんどい！　って思うかもしれないけど、案外普通の人もそれくらい寝つけないものなんだよ。

最近オレもケータイのアプリで1日の食事や生活リズムを記録していてさ。睡眠時間やどれくらい熟睡しているかまでわかるものなんだけど、意外と寝つくまでに時間がかかっていたんだよね。

だから、「誰でもいきなり眠りにつくことなんてないんだ」くらいに気軽に考えておいてほしいな。

慣れれば体が必ず朝型になっていくはず。
女子だしね、お肌のことを考えても、絶対に朝型をオススメするよ！

眠くなったら、ちょっとだけ昼寝しよう。
朝勉強の習慣をつければ、本番で力を発揮できる！

悩み18

国語、英語、社会は1日どのくらい勉強すればいいでしょうか？

あっちゃんは受験生時代、国語、英語、社会をそれぞれ1日どのくらい勉強していましたか？ 平日、休日ともにお願いします！

ちなみに自分のペースは、平日は英語2時間、国語、社会を1時間ほど。

英単語と古文単語は毎日勉強し、長文はやったりやらなかったり……

という感じです。


（高3・男子）

"勉強の時間＝量"を気にしている時点で危険だぜ……。

科目ごとに必要な勉強は違う

しっかり勉強しているという点で、キミはかなりレベル高いと思うよ。……う〜ん、ただ正直キミは危険な香りもするなぁ……。勉強の〝量〟を気にしている時点で、受験の本質を見失っている気がするんだよね。時給契約のバイトなら働いた分だけ給料がもらえる。だけど、受験はそうじゃない！

ここは〝能力給〟の世界なんだ！　**勉強に費やした分だけ確実に実力が上がる保証なんてない**んだから、**量より〝質〟**を求めないと。

もう少し具体的な話をしよう。今、国語と社会に同じ時間を費やしているよね？　均等に時間を使うことでバランスよく実力を高めていこうと考えているのかもしれないけど、オレには非効率に思える。

国語で最も必要とされる「文章読解力」。これはたくさん本を読んだり、いろんな人と話すことで養われていくから、長期スパンでジワジワと実力を伸ばしていくのがいい。一方、文法のように対策が簡単な問題は、受験勉強の後半に短期集中で片づける。要は後回し。国語の点数を伸ばすには、このくらいメリハリが大事なんだ。

やるべきことの優先順位を決め、
最も効率のよい時間配分を考えていくのは仕事も受験勉強も一緒。
将来に向け、今からマルチタスクの能力を磨いておきたい。

とはいえ、オレの経験上、国語はライバルと差がつきにくい。がんばっても大きな見返りがないから、もっと差をつけやすい科目に時間を費やしたほうがいいと思うんだよね。

つまり、**学習の効率化が必要**ってこと。

勉強も仕事も〝結果〟がすべて

オレが学習の効率化や見直しにこだわるのには理由がある。受験勉強ってみんな必死にがんばるじゃん？　それでも結果に差がついてしまうのは、がんばり方の違いに原因があるんだよね。

たとえば、ノートがメチャクチャきれいなのに、成績がイマイチなヤツを思い出してみてよ。5色くらい使って鮮やかに色分けしているんだけど、本人はそれで情報を仕分けした気になっているだけ。そんな漫然とした姿勢で勉強にとり組んでいるから、成績が伸びないんだよ。

実はキミもこういう人と大して変わらないように見える。とりあえず勉強量を増やして、「科目ごとに対策を考える」という大切なことから目を逸らしている。要は〝がんばった感〟だけ味わって、中身の充実度は疑わしいパターンね。悩み⑮でも触れたけど、**成果が出ているかを見たうえで、もしNGだったら、今までの勉強方法を見直すことも大事**なんだよ。

図星だと思ったら、この機会に自分に必要な勉強を見直してみてほしい。どんな勉強方法が自分に合うか？　科目ごとにはどんな対策が必要か？　これをじっくりと考えて勉強にとり組むことが、受験の本質。**今やらなければならない勉強と後回ししていい勉強を仕分けすれば、きっと効率的な学習スタイルが見えてくるよ！**

受験は科目ごとに伸ばし方が異なる。そこを理解し、自分に合った学習スタイルを見つけることが実力アップにつながる！

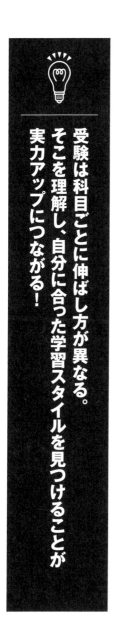

悩み19

勉強と休憩、オンとオフの気持ちの切り替えができません……。

「勉強2時間・休憩30分」というペースで受験勉強にとり組みたいのですが、いつも休憩を2〜3時間とって、爆睡したり趣味のギターやピアノに没頭してしまったり……。あっちゃんはオンとオフの気持ちの切り替えってどうしていましたか？　（高3・男子）

休憩時間を短くして、誘惑も断ち切るべし！

勉強にも「オン用」と「オフ用」がある

「休憩をとりすぎてしまう」か。これさ、気持ちはわかるけど、休憩時間が長すぎるから〝逃避〟が加速するんじゃない？　オレも仕事中に30分時間があいたら、「寝られるかも……」とか「何か食べようかな？」って、気持ちのゆるみが生まれるもん。

だからまずは、「勉強90分・休憩15分」というサイクルに変えてみてはどうだろう。サッカーの試合も大学の講義も90分だしね。

きっと、**人が集中できるのって、せいぜい1時間半くらい**のもんなんだよ。その集中力も、15分のインターバルならとり戻すのは大変じゃないと思う。

じゃあ、休憩時間を減らして、どう過ごすべきか。もちろん、趣味に使うのは悪いことじゃない。ただ、受験勉強には〝最高の休憩〟ってものがある。信じられないかもしれないけど、それは**休憩中も勉強する**ことなんだよね！

たとえば、ずーっと日本史の勉強をしていると、「もう室町の話はたくさんだ！」とか飽きてくるでしょ？　勉強が行きづまって気分転換の欲求が高まったとき、あえて英単語の暗記にとり組んでみる。

すると不思議なことに、**“勉強モード”を維持したまま気持ちの切り替えができたりする**わけ。そもそも暗記モノなんて、長時間みっちりとり組むより、あき時間を活用したほうが効率的に学べるしね。

だから1日の自習時間は、15分の暗記モノを含めた90分×2本の3時間15分。それだけ勉強して、あとは寝る！　学校に通って部活なんかをしているときは、自習時間もなかなかとれないと思うし、これがベストな時間の使い方じゃないかな。

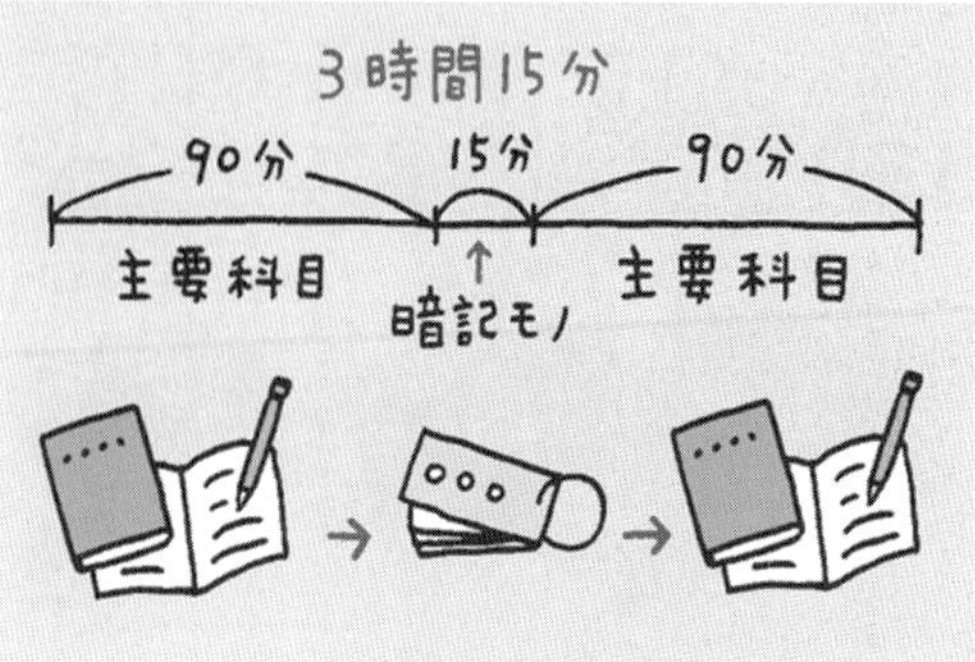

学校、塾、食事、睡眠などの時間を除けば、
1日に確保できる自習時間は3時間程度が現実的。
無理に睡眠時間を削るのは学習効果を落としやすい。

「浪人するくらいなら」と考えれば怖いモノなし！

あとは、時間の使い方と同時に誘惑を断ち切る方法も考えたほうがいいかもね。テレビが大好きな人は、毎日19〜22時のゴールデンタイムを勉強時間にあてるようにするとか。楽器はいつでも好きなときに弾けちゃう？　だったら、捨てちゃえばいいんだよ。

考えてもみてよ。受験生にとって一番怖いのは、受験期間がもう1年延びることでしょ。たとえば、現役で受かった友だちが軽音サークルでかわいい子と楽しく過ごしていてさ、その子に「こいつ高校の同級生で、来年ウチの大学に入るかもしれないからヨロシク！」なんて後輩扱いで紹介されたら、どう？　地獄以外の何モノでもないでしょ。そんな悔しい状況に追い込まれたくないなら、今必死に勉強するしかない。そう思って、オレも受験生のときマンガを一気に捨てたね。

退路を断つメリットは勉強に集中できることだけじゃない。**受験中に我慢した分、大学時代に趣味をもっと深く楽しめるようにもなる**んだ。だから、キミには、〝受験への覚悟を決める〟〝大学生活を充実させる〟という目標に向けて、ぜひとも楽器を手放すことをオススメしたいね！

勉強の休憩には、特に暗記モノにとり組むのがベスト！合格なくして趣味の時間なし！

悩み20

塾に行っていないので不安になってしまいます。

塾に行っていないので、周りの友だちとの差を感じると不安になってしまいます。

（高3・男子）

不安なら、とにかく行動すればいい！

悩んで迷走している時間もムダじゃない

「塾に行ったほうがいいんだろうか？」って悩んでいるんだね。そんなふうに「自分の勉強方法は大丈夫なのか？」と不安に思うのは、結果が出ていないから。そういうときは悩みが尽きなくて、「オレって迷走してる」なんて思いがちだけど、**あえて全力で迷走してみればいいんじゃないかな。**

「自分探し」という言葉があるよね。それって自分を否定して、自分が見えなくなっているってこと。でも、自分は最初から「ここ」にいるんだから、さんざん探したって最終的には戻ってくるしかない。

でも、悩んで迷走している時間こそ大切なんだ。「探して戻ってくる」と「探さずにずっとここにいる」とでは、意味合いが全然違うんだよ。**いろいろ試してみることで、「自分がダメな原因はなんなのか」がわかるようになる**んだから。

独学で充分なときもある

塾に関してもうひとつ大事なことがある。それは、塾にはコストが

回り道だと思えることも、
将来何かの役に立つかもしれない。
だから何事にもトライすることが大事だよ。

かかるってことなんだ。

オレは高1から高2の夏まで塾に行っていた。途中でやめたのは、塾が自分だけのオーダーメイドじゃなくて、たくさんの生徒に向けたレディメイドの勉強であることに気づいたから。塾より独学のほうが効率がいいなって思ったんだよね。**自分のやりたい勉強がわかっていれば塾なんか行かなくてもいいし、志望校の必須科目のみをひたすらやればいい。**独学だって、塾の子より成績がよければ、全然焦ることないんだよ。

「塾行く代わりに参考書買う！」って自主的に言えば、親だって喜ぶはず。むやみに焦らず、今必要な勉強ができているか、結果が出ているか、見極める目も持っておこう。

とにかく前に進んでみるのが大事！

オレも仕事がうまくいかなかったころ、すごく自分を否定して、自分探しばかりしてたよ。「先輩付き合いをしていないのがダメ？」とか、「ヒゲがダメ？」とかね。でも、ヒゲを剃ってみると「違った！　ヒゲが原因じゃねぇ！」って気づくことができる。

だから、「塾に行ったほうがいい？」と不安なら、思いきって塾に行けばいいんじゃないかな。そうすれば、塾に通っていてもできないヤツがいることもわかるし、塾がすべての特効薬じゃないって気づく。それで自分に合うか合わないかを判断すればいいんだよ。

塾に行けばうまくいくかもしれないし、何も変わらないかもしれない。でも、試してみないとずっと不安な気持ちで立ち止まることになる。だからとにかく行動して前に進もう！

迷走してもいいから全力で進め！
独学でも結果が出ていれば焦る必要なし！

悩み21

「塾に行きたい」と親を説得するにはどうすればいいですか?

塾に行きたいのですが、親がどうしても許してくれません。親を説得するにはどうすればいいですか?

（高1・女子）

親が納得するようなプレゼンで勝負だ!

親の気がかりはキミの「真剣さ」

おもしろい質問だね！　「親が塾に行かせたがる」じゃなくて、「行かせてくれない」なんだ。

たしかに塾に行くのって、すごく大きなことだよね。**悩み⑳**でも触れたけど、たくさんお金がかかるから、親の負担も大変なんだ。

でももし親が塾に行かせたがらないのだとしたら、たぶん心配しているのはお金のことだけじゃない。「安易に塾に頼っているんじゃないか？」「本当にやる気があるのか？」「塾を適切に選んでいるのか？」という不安があるんだと思う。まずはそれに気づこう。

親はキミの「塾に行きたいメッセージ」の伝え方をよく見ているんだ。「行きたい」「行かせてくれ」って言うだけじゃ、親の信頼は勝ちとれない。**「私はこの塾に、こういう理由で、こういう目的で行きたいんだ」ってうまくプレゼンするのがポイント**だね！

「なぜ行きたいのか」を整理して、
その思いをまっすぐ親に伝えてみよう！

「反論を予想する」手法が効果的

きっと親に聞かれることは「理由」だよね。「近いから」とか「友だちが増えるから」っていう理由だと、説得材料としてはかなり弱い。「成績トップのタケダ君が行ってるから」でもまだ弱いね。「タケダ君はうまく塾を活用しているかもしれないけど、あなたは大丈夫なの？」って反論が絶対にくる。

だから親の反論をうまく想定して、Q&Aをつくっておけばいいんじゃないかな。

でも親と真剣に話し合うと、つい感情的になったりしちゃうよね。「あなた、前にも同じこと言ったじゃない」とか言われて、「なんでわかってくれないんだよ！」ってキツく言い返したりね。

だからオレは昔、「お笑い芸人になりたい」って親に説明するときに、手紙を書いたんだよ。**悩み03**でも話したように、「こういうことをきっと心配すると思います。でも、僕は大丈夫です。こうしますから」って書いた。反論を予想しながら説得すると、納得してもらえるものなんだ。もし感情的になっちゃいそうだったら、冷静になれる手紙がオススメだよ！

親との対決から逃げるな

親と意見が対立することは、今後の人生でも必ずある。

でも、**キミの人生なんだから、こうしたいという思いがあるなら、それをきちんと親に伝えるのが大事**。そして、自分の選択に納得してもらえる努力をしよう。

それが、自分の人生に責任を持つってことなんだ。今はその予行練習だと思って、がんばれ！

親との対決は〝通過儀礼〟。今後もずっと続くもの。自分の決断に責任を持つことに少しずつ慣れていこう。

中田語録

受験勉強は
“能力給”の世界。
量より質を求めろ！

人間は誰でも
長所を持っている。
自分の得意分野で戦え！

迷走でもいい、
それが
全力疾走なら

テストに正解はあっても、
勉強の仕方に正解はない

やみくもにがんばる前に、
がんばり方を考えることを
がんばれ！

第3章

心のこと、わかってる？

メンタル・対人スキルについて

悩み22

やる気が出ないときに気持ちを前向きにするコツはありますか？

医学部志望の宅浪生です。

得意科目の勉強はがんばれる一方、苦手科目や自力で解けない問題を前にすると集中力が途切れ、好きなことをやりたくなってしまいます……。

また、気持ちの波が激しく、やる気が出ないときは何も手につきません……。

モチベーションを維持させる方法や、やる気が出ないときに気持ちを前向きにするコツはありませんか？


（浪人生・男子）

まずは志望校を見学しよう！

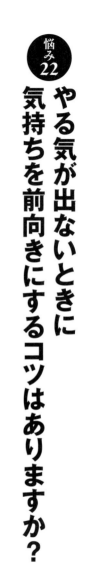

苦手科目がモチベーションアップの鍵を握る

受験の悩み相談で一番多いテーマって、モチベーション関連なんだよね。まずは苦手科目との向き合い方から考えようか。

受験はスポーツや芸能と違って、長所を伸ばすことより短所をなくすことが求められるゲーム。だからすべての教科で80点を叩き出せる人が有利で、得意科目は90点、苦手科目は50点という人は不利なんだ。

でも、少し視点を変えてみてほしい。**苦手科目には点数が低い分だけ〝伸びシロ〟があるん**だよ。得意科目を5点伸ばす労力があれば、苦手科目を20点は伸ばせると思う。どう？　ちょっとやる気が湧いてこないかな？

勉強は成果が得られるほど楽しくなるもの。苦手科目をがんばって成長を実感できれば、受験勉強のモチベーションはさらに高まっていくはずだよ。

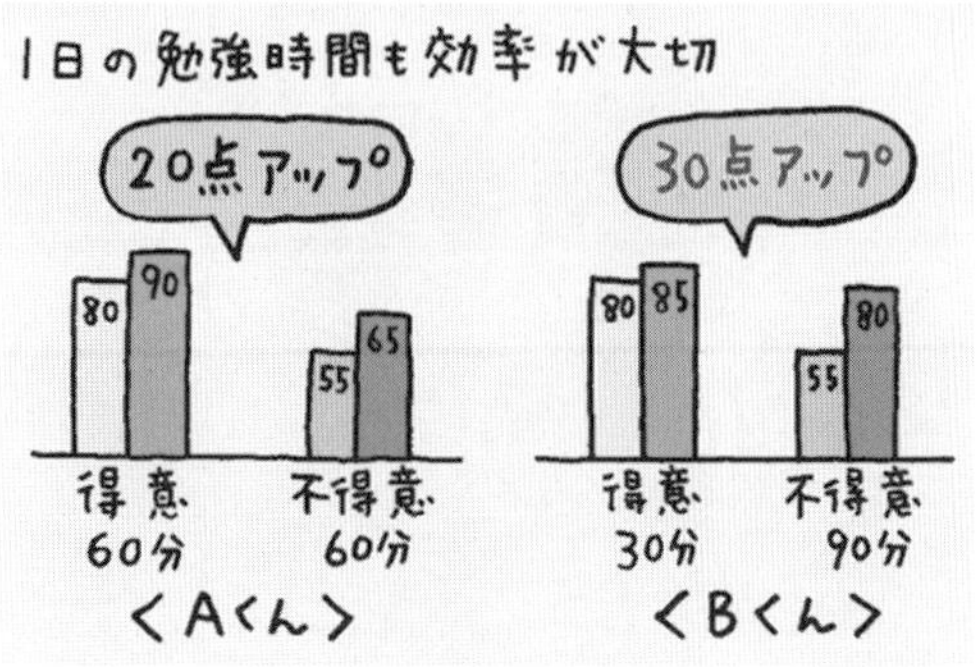

得意科目をさらにがんばっても大きな上がり目はない。
勉強した成果が表れやすい不得意科目に注力することこそ、
効率的な時間の使い方といえそうだ。

行きづまったときこそ外に出よう

次に、やる気の波が激しいことについて。

浪人中はメンタルが不安定になって当然だよ。特に序盤は敗北感や挫折《ざせつ》感のコントロールが大変だと思う。で、「やる気は出ないけど、ムダな時間を過ごしている場合じゃない……」なんて自分を追い込んじゃう。

だけど、オレから言わせれば、家に引きこもっているほうがよっぽど非効率だし、不健全！

受験勉強のスケジュールをギチギチに組んでいるのなら、定期的に休みを入れるようにしないと。気持ちがふさぎ込まないためにも、たまには思いきって旅行したり、テーマパークに遊びに行ったりしてみたら？　**浪人中に積んだ人生経験が、社会に出てから生きてくることだってある**しさ。

あっ、そうだ。フラッと外出するなら、志望校の下見に行くのがオススメ！　オープンキャンパスがベストだね。大学側もエンタメ性を交えて丁寧に学校紹介をしてくれるから、予想以上に楽しいと思う。

大学に行ってさ、実験室を眺めながら「ここで優秀なヤツに囲まれながら、実験するのかも……」とか「ノーベル賞を受賞するヤツが出てきたりして……」なんて想像を膨らませれば、かなりモチベーションが高まるって。

それで、**キャンパスの写真をたくさん撮ってケータイの待ち受けにでもすればいいんだよ。**志望校の写真を見れば、いつでも気持ちが刺激されるから。とにかく引きこもりだけはやめようぜ！

「苦手科目ほど点数を伸ばしやすい」と考えればやる気が出る！
大学生活を謳歌している先輩たちを見るのも◎！

悩み23

現在、勉強のスランプにはまって抜け出せません。

夏から勉強を始めて順調に進んでいましたが、現在はスランプにはまって抜け出せません。中田さんはスランプにはまったとき、どうしていましたか？

（高3・男子）

勉強法や学習環境をガラッと変えてみたね。

“鮮度”を感じる勉強法にチャレンジ！

オレの場合、勉強方法や学習環境を変えようとしてスランプに陥《おちい》ったことがあったかな。ルーチンワークになると、その学習スタイルに飽きちゃうんだよね。それで、順調に勉強が進んでいても他のやり方を試したくなるっていうパターン……。

いろんな方法を試したものの結果がついてこないことはザラで、迷ったあげく元の方法に戻ることもあった。だけど、元の方法のよさは他の方法と比較して初めてわかったこと。迷った時間は決してムダじゃなかったと思うんだよね。

きっとキミも今、がんばって勉強しているのに結果が伴わないと感じているんだよね。そんな状況を打開したい、と。

だとしたら方法を変えるしかない。場所、予備校、先生、参考書、なんでもいい。できる部分からガラッと変えてみようよ。

勉強に対して“鮮度”を感じることができれば、勉強を続けるモチベーションが湧いてくるし、どんな勉強法が自分に合っているかも見えてくると思うよ。

伝統的なスタイルを守ろうとするあまり、
時代の変化に追いついていない商店に心あたりはないかな？
ひとつの勉強方法に固執するのは、それと似たようなことだよ。

結果が出ないときは、結果が出るまで新しいことを試し続けてみるといいよ。「まだ、やれることはあるか？」って、自分に問い続けてみて。今までのやり方にしがみついていても、負けたらおしまい。まだまだ試せることがあるなら、望みは充分あるんだから。「**結果が出ないのにずっと同じことをやっている人に未来はない！**」とオレは思う。

うまくいかないときこそ、「チェンジ」！

「さまざまな勉強方法を試そう」という提案に対して、「それってブレてませんか？」と感じる人もいるんだよね。もしかしてキミもそう感じた？　それならキミに、こんな格言を贈りたい。

「君子は豹変《ひょうへん》す」

この言葉の意味は、「立派な人物ほど、自分の誤りがわかれば、過去のことにとらわれたり、助言してくれた人のことを恨んだりすることなく、きっぱりと行動を変える」というもの。「豹変」というと悪いイメージがあるけど、そうではなくて、「今までの方法論に限界が訪れた場合は、柔軟に対応しましょう」ってことなんだよね。

それにもかかわらず、従来のやり方に固執して「うまくいかない……」と嘆いている人が少なくない。現状の方法論を信じるあまり、周りが見えなくなる。それでドツボにはまった状態がスランプの正体なんだ。

キミも自分の行動を常に冷静に分析できればいいんだけど、現実的にはなかなか難しいよね。だからこそ、努力のわりに結果が伴わないと感じたら、方法や環境をガラッと変えて自分を客観視する機会をつくってほしいんだ。大胆な方針転換は勇気がいるけど、その分大きな実りがあるはずだよ！

結果が出なければ、迷走してもいいから、全力疾走で新しいことにチャレンジしよう！

悩み24

自分の長所がわかりません……。

自分の長所がわからず、
自分で自分が認められません。

（高3・男子）

いろんな人と出会って、〝自分のいいところ〟を教えてもらおう。

長所は自分ではわからないもの

これはすっごくいい質問だね。面接だと絶対に「あなたの強みはなんですか？」と聞かれるけど、「空手をやっていたので、忍耐力があります」みたいな普通のことしか言えない。本当の長所とか強みって、一番わからないものなんだ。

これはお笑い芸人もそう。ある程度の実力になったら「他のお笑い芸人とどこが違って、どこがおもしろいの？」という争いになってくる。違いを考えることはすごく大事だけど、難しくて悩む。**自分の長所は自分にとって普通のことだから、気づきにくいん**だ。

だから解決策は、周りの人に見つけてもらうってこと。そのためには、家に閉じこもっていちゃダメ！　人と接して「おまえのこういうところがすごいな」と言われたら、それに耳を貸そう。

「人と違うところ」をとことん際立たせる！

長所って、環境によっても変わるんだ。見る人によっても変わるか

見つけるのが難しいだけで、
どんな人にも絶対に長所はある。
だからもっと自分に自信を持とう！

な。たとえば、オレは「かわいげがなくて、モノ言いが横《おう》柄《へい》」ってよく言われる。でも裏を返せば、「自信があって、人の意見に左右されずに発言できる」ということにもなるよね。**長所と短所は表裏一体、弱点がかなりの強みになることもある**んだよ。

同じような長所の人はたくさんいる。履歴書や面接で長所を聞かれたら、「質問者を徹底的に楽しませよう！」というエンタメ精神をもって答えるべき。

たとえば、「誰にでも好かれます」なんて書いても、イマイチ、インパクトに欠けるよね。同じことを書くときに「僕の父は手品師です。父の教えで、どんなときでも周囲の人を徹底的に楽しませることを、小さい頃からたたき込まれてきました。父の教えの影響で、憂鬱そうな顔の友人を見ると、つい言葉より先にマジックをしてしまうクセがあります。僕のマジックにみんな笑います。だから僕は人に嫌われたことがないんです。僕は会う人みんなに愛されるんです」とかね。

周りの人のほめ言葉に素直になろう

長所の見つけ方でもうひとつ気をつけなきゃいけないのは、**「自分はこうなりたい」というビジョンにこだわりすぎない**こと。「リアクション芸がおもしろいよな」とほめてもらっても、「オレはセンスのいい司会者になりたいんだ」と思っていると、せっかくの長所を見逃してしまうよね。

長所だけじゃなくて、コンプレックスの克服も、ひとりで考えているだけじゃできない。広い世界に出て、全然違う価値観を持つ人と出会おう。最初は相手と自分を比べて苦しくなるかもしれないけど、「この人はこんなにすごいけど、この人にできなくてオレにできることがある」と気づくタイミングがある。自分の個性を見つけるのは苦しいものなんだ。でも、がんばって素直に〝自分と〟向き合おう！

周りの人がくれる「自分の長所のヒント」をしっかりキャッチしていこう！

悩み25

もうすぐ受験生なのに、自分の気分屋なところが心配です。

気分に波があります。やる気になったときは勉強もすごく集中できるけど、スイッチが切れたら何もする気が起きません。もうすぐ受験生になるのに、自分の気分屋なところが心配です。

（高2・女子）

決められたメニューをこなす快感を覚えたら勉強も楽しくなるかも

決められたことをコツコツやるのも案外楽しい

その場の気分に波がない人なんているのかな？　それは普通なことだと思うよ。勉強には集中できないとしても、好きなことだったらいくらでも集中できるよね。でも、好きじゃないけどやらなきゃいけないから、勉強に集中するのはすごく難しいわけだ。勉強を好きになるというのもひとつの手だけど、どうしても興味が持てないものってやっぱりあると思うんだよね。

そこで、**地道なことをひたすらにこなす快感を刺激してみる**というのはどうかな？

どういうことかというと、人間って「トップに立って、みんなを引き連れたい」というリーダーになりたい願望を持っているのと同時に、「決められたことを言われるがままにやりたい」という真逆の願望もあると思うんだ。自分の意志とは関係なく決められたことを淡々とやるのって、頭を使う必要がなくて楽だし、実は意外と楽しいんだよね。

自分がこなす勉強のメニューを決めよう。
達成したときの快感はクセになるかも。

小さな達成感を積み上げよう

何が楽しいかというと、単純に成果が出やすい。たとえば新しい企画を考えたりするようなクリエイティブな作業って、時間をかければいいっていうものじゃないよね。その点、決められたメニューをこなせば、単純に「やりきったぞ!」っていう達成感が得られる。つまり「今日はこれだけやる!」と、勉強もメニューを決めてそのスケジュール通りにやってみるのはどうだろう。

決められたことを淡々とこなす快感を知るためにも、〝達成できる程度の目標〟を立てることも大事だよ。「毎日問題集を20ページやるとかなり進むな」と思っても、それをこなすのは大変だから。それで挫折してしまえば、またモチベーションが落ちてしまうよね。

オレは勉強の計画を立てるのもけっこう好きで、1週間くらいの目標を決めたりしていたよ。それができれば、「よっしゃ!」という達成感でまたがんばれたりするんだ。自分が決めたことだから黙々とやる。これが実は気持ちいいことを知ると、受験勉強も楽しくできちゃうかもね。

“自分は気分屋”という甘えを捨てる

ひとつオレが気になったのは、キミが自分を「気分屋」と決めつけていること。これってなんとなく便利な言葉だけど、「自分への甘え」以外の何モノでもないんだよ。「自分は気分屋だから、勉強ができないんです」って言い訳にすぎない。悩み33の「あがり症」もそうだけど、「**自分はこうです**」と**レッテルを貼って逃げ道をつくるのはやめよう**。そうすれば退路がなくなって、キミはもっと勉強ができるようになるし、精神的にも成長できるはずだよ。

その日の勉強のメニューを決めよう。達成できる楽しさで受験勉強もはかどるはず。“気分屋”という甘えを捨てれば、高いハードルを越えられる！

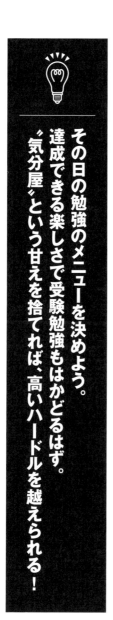

悩み26

私は人生をナメきっています。一心不乱に努力することの意味がわかりません……。

私は人生をナメきっています。
今でも相当なものですが、このままだと本物のクズになりそうです。
一心不乱に努力することの意味がわかりません。
どうすれば変われますか?

（高1・女子）

先輩たちの「今」を見てみなよ!

思春期の万能感やうぬぼれがワナになる

15〜16歳の頃って万能感があるし、人生ナメてる人、意外と多いんじゃないかな。**社会に出ることへのリアリティを持てないことが大きな原因**だと思う。

実はオレもそういう時期があってさ。学生時代、「NSC（吉本興業が主催するタレント養成所）」に入る前にインディーズのお笑いサークルで活動をしていたときのこと。そこに30歳くらいで朝から晩までバイト生活を送る〝主《ぬし》〟みたいな人がいたんだ。正直「こうはなりたくない」って思っていたし、「オレはNSCで少数のエリートが集う〝選抜チーム〟に選ばれて、すぐにデビューできる!」といううぬぼれもあったんだよね。

ところが世の中、そんなに甘くはなかった。サークルを辞める日、〝主〟とご飯を食べに行ったら、彼も昔NSCで選抜チームにいたことが発覚。「オレも今のままじゃヤバい!」とめちゃくちゃ焦って、それまで以上にお笑いに打ち込むようになった。

努力を怠ったばかりに大変な思いをしている人を見て、
「自分はこうなってはいけない」と反面教師にする。
それもひとつの意識改革の方法だ。

キミもまだ、思春期特有の万能感やうぬぼれから抜け出せていないんだと思う。何か意識を変えるきっかけが必要だよね。

万能感を消し去るために現実を直視しよう

「人生をナメてる」というのは、それだけ痛みのない時間を過ごしてきたってことだよ。**親御さんが努力して、キミを安全な世界にいさせてくれた**わけさ。その影響で、社会をイージーな世界と受け止めがちなんだろう。だけど、心のどこかで「世の中、こんなに甘かったっけ？」という不安もある。それが今のキミの心境なんじゃないかな。

ぬるま湯に浸かりきって「一心不乱に努力することの意味がわからない」と感じているのなら、一度、高校の先輩たちを訪ねてみるといいと思う。今の自分と同じような時間を過ごしてきた人や、自分と同じ夢を見た人が実際にどうなっているかを、その目で確かめるんだ。

たぶん、先輩たちの中にはキミの想像をはるかに超える、シャレにならない人がいるはず。そうした「リアル」を突きつけられると、「これは他人事じゃない」「明日は我が身」って気持ちが湧いてきて、一気に万能感が消えると思うよ。

成功した人、成功しなかった人。
がんばった人、がんばらなかった人。
両方を見て、反面教師にするしかない！

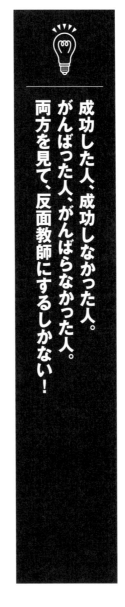

悩み27

勉強の本質とはなんですか？

勉強の本質とはなんですか？

（高2・男子）

勉強は、好奇心を満たす快楽なんだ！

“新しいことを学ぶ楽しさ”の魅力

す、すごい質問だな……。

これに答えるのは難しいけど、勉強の本質はきっと「大人にならないとわからない」ってことだと思う。学生の間はどうしても勉強を強制されているから気づかないけど、大人になると「学ぶのは楽しい」って素直に思えるんだよ。知らないことを知るのは気持ちいいし、びっくりするような情報を見つけたときは誰かに話したくなる。

たとえば仕事を定年退職した人は、新しい趣味や習いごとを始めたりするよね。着物の着付けとか、お茶とか、バイクを買ったりとか。

それは、新しいことを学ぶのは楽しいからなんだよ。

だから**勉強の本質は、好奇心を満たしてくれる“快楽”**ってことじゃないかな。

「知」は「力」なり

でもこれは大人の話で、学生の間はやっぱり勉強って苦痛だよ。オレもそうだった。

大人になれば「学び=楽しい」と気づけるはず。
今は興味のある分野の勉強時間を少し長くするなど、
工夫してみるといいかも。

その原因は、リアルじゃないから。自分の生活に関係ないことだと感じているからだよね。歴史でフランス革命について学んだって、地理で自分が行ったことのない土地の特徴を学んだって、それは「知らねーよ」って思うのが自然だよ。

だけど、大人になれば絶対にリアルに感じられる。自分のお金で全国各地に旅行に行けるようになるから、地理にも興味を持つ。事件やニュースの原因には過去のできごとが必ずつながっているから、歴史も現在と地続きだって気づける。

勉強は〝快楽〟でもあり、実は〝武器〟でもあるんだよ。

たとえば、「地球は回っている」と言って異端扱いされた天文学者に、ガリレオがいるよね。ガリレオの説はその後、定説になったけれど、当時は批判されまくった。

もしキミが、少数派側の意見に立ったとき、いつかこの歴史的事実に勇気づけられることがあるかもしれないよ。勉強して身につけた知識が〝武器〟になるって、そういうことなんだ。

知識は「地頭のよさ」に比べて軽視されがちだけど、本当に重要なんだ。だって、医師や弁護士なんて高給で尊敬もされる職業には、専門的な知識が必要でしょ？　ほら、武器になってるじゃん。

大事なのは「使い方」まで含めて「知識」なんだってこと。だから、できれば単なる丸暗記ではなく、知識の使い方まで身につけてほしい。

苦しいかもしれないけど、今学んだことが必ず将来の楽しみや力になると思って、がんばってほしいな。

今は苦しくても、大人になれば必ず楽しめる！
いつか、勉強したことがキミを救う日がやってくる！

悩み28

友だちをライバル視して態度が悪くなってしまいます。

自分でも性格悪いなあって思うんですが……勉強について、友だちをライバル視して態度が悪くなってしまいます。意識しないようにするにはどうすればいいですか？

（高3・女子）

意識するのはOK、態度に出すのはNG！勝ちたければ敵意は隠せ！

天使の笑顔で相手を油断させるくらいの余裕が大事

うーん、これは難しいよね！　たしかにライバルだし、意識してがんばるのも大事なことなんだよ。
ここで問題になるのは、ライバルだと思うことじゃなくて、それを態度に出すことかな。

お笑いの世界でも似たようなことがある。お笑いの同期や同世代って、すごく比較されるんだ。昔はオレも周りを超ライバル視していた。でも敵意をむき出しにするのって、やられる人もイヤだし、そばで見ていてもいい気持ちはしないよね。最近ようやくそれがわかってきたんだ。

成功する人って、実は能力が高い人よりも、みんなに好かれている人であることが多い。敵意をむき出しにしていると、結局自分の首を絞めることになっちゃうんだ。

いつもニコニコしていれば、敵を油断させられるよね。相手が心を許せば、受験に関する大事な情報を教えてくれることもあるかもしれないよ？　そういうしたたかさも、勝負には欠かせないと思う。

受験は、誰かに勝てば合格できるものではない。
ライバルは持ちつつも、
みんなで協力し合う心の余裕も大切だ。

受験は「ひとり」との戦いじゃない

他の人を蹴落としていくやり方には、限界もあるんだ。**周りの人と助け合いながら前進するほうがいい**。でもわかっていても、ライバルへの態度はきつくなってしまうよね。

受験って、誰か「ひとり」と争っているわけじゃない。「ある程度の点数以上をとれるか」という集団の戦いなんだ。そこで特定のひとりを敵視してもしょうがない。

お笑いも「あいつを潰してやろう」と思っても潰せないし、そんなこと考えている人はおもしろくないし、孤立しちゃうものなんだ。

だから、意識するのはいいけど、自分のためにもそれを態度に出さないようにしよう！「私、性格が悪くなっているかもしれない」と気づけるキミは、きっとレベルの高いところにいけるはずだよ！

嫌悪感を悟られると、相手に警戒されるだけ。
自分の身を守るためにも、敵意を隠して笑う努力を。

悩み
29

担任の先生、親、予備校の講師、先輩の中で一番頼れる人は誰でしょうか？

あっちゃんは受験生時代、頼りにしている人はいましたか？

僕の周りには担任の先生、親、予備校の講師、先輩などがいますが、正直、誰のアドバイスが正しいのかよくわかりません。

最も信頼できる人は誰なんでしょうか？


（高3・男子）

周りではなく、自分を信じよう！

人の意見は〝いいとこどり〟すべし

これはいい質問！　オレもお笑いの養成所に通っていたとき、似たような経験をたくさんしたよ。5人の講師の前でネタを見せるんだけど、まあ、その人たちが好き放題言ってくるわけ。「わかりやすいけどパンチがない」とか「女ウケを狙いすぎじゃないか？」とかね。そうかと思えば、「そんなん女の子は笑わへんで！」みたいな声も飛んできたりして、もう、どうしたらいいんだよっていう……。

キミはこの場合、どうするかな？　もしかして全部聞く？　それは完全にアウト！　そういう人間はボロボロになってお笑いを辞めていくんだ。何がおもしろいのかわからなくなっちゃうんだよ。

オレはそんなのゴメンだから、「**自分の眼鏡にかなった意見だけ採用しよう**」という上から目線を貫き通していた。そうやって人の意見を〝いいとこどり〟してできたのが、デビュー時によくやっていた「武勇伝」。あのネタが生まれたのは講師がさまざまなアドバイスをくれたおかげだし、オレが**情報を取捨選択できた結果でもある**んだ。

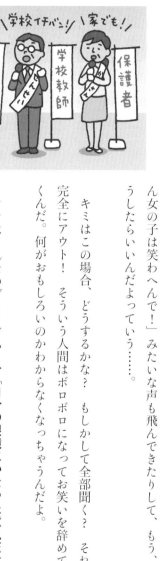

“あの人が言うことに間違いはない”というスタンスで
誰かのアドバイスに耳を傾けるのは危険。
判断を人に委ねると後で恐ろしい結果を招くことも。

やっぱり**自分のことを一番真剣に考えているのって、周りじゃなくて自分**じゃん。一番真剣な人間が情報を正しく取捨選択すれば、いい結果が生まれる。キミも**自分なりの判断基準を持つ**べきだよ。

他人任せにしない

何を相談しても他人は好き勝手なことを言うんだから、すべてを真に受ける必要はない。ただ、人に相談することがムダかというと、そんなこともない。むしろ、個人的にはいろんな人に意見を聞いたほうがいいと思う。

スタジオジブリの鈴木敏夫さんというプロデューサー、知ってる？　ジブリ作品というと宮崎駿監督がすべてを決めているような気がするけど、実際は作品テーマの決定や声優の選定、プロモーション方法の検討まで、かなりの割合で鈴木プロデューサーが手がけているんだって。

彼はポスターを1枚つくるのにも、ジブリのアルバイトスタッフや喫茶店のお客さんにまで声をかけて数百人の意見を集めるらしい。ただし、多数決は絶対にしない。A案とB案があって、たとえA案に半数以上の票が集まっても、自分が「Bがいい！」と思ったら、必ずそちらに決めるんだって。**周りの意見は重要な判断材料にするけれど、意思決定は他人に委ねない**んだ。ジブリがヒット作品を生み出し続ける背景には、こうしたプロデューサーのブレない姿勢があるんだよね。

キミも今、たくさんの人から意見を聞く機会があると思う。どの意見が参考になるかはキミの価値観次第。ただし、**大切なのは自分で納得して自分自身で決断を下すこと**。これを徹底すれば、キミの悩みは消えるはずだ！

人の意見をたくさん聞くのはOK。ただし最終的な決断は自分で下すこと！

悩み30

私の努力が評価されず、投げやりな気持ちになってしまいます。

私の努力が評価されず、投げやりな気持ちになってしまいます。どうすれば理解してもらえますか？

（高3・女子）

キミも誰かをほめてみよう！

よい評価はゆっくり届くもの！

自分の中では手応えがあったのに、認めてもらえなかったんだね。評価してほしい、ほめられたいって気持ちはすごくわかる。オレも番組をたくさんやらせてもらっているけど、ほめられる仕事って一握り。ほめられないのがあたりまえだから、ほめられるとめちゃくちゃ「またがんばろう」って気持ちになる。

キミが言っているのは、委員会とか部活動のことなのかな？　でも、キミが「評価されない」と思っていることは、実はそうじゃないのかもしれないよ。

悪口はすぐに伝わるけど、よい評価はゆっくり伝わるもの。「あいつがんばってるな」「いろいろやってるな」って、キミが思っている以上に、周りはちゃんと見てくれているんじゃないかな？

よいことも悪いことも、ちゃんと見られている

昔ADさんに「もうちょっと楽屋をきれいに使ってほしい」と言われたことがある。すごく反省して、その後もらったレギュラー番組で

キミが思っている以上に、
周りは行動や言動をちゃんと見ている。
地道に努力し続ければ、必ず誰かが評価してくれる!

は、みんなが帰った後に楽屋を片づけるようにした。

1年間特に誰にも何も言われなかったけど、番組が終了するときにもらった先輩からの寄せ書きに「おまえ、ずっと楽屋片づけてただろ。生意気だと思ってたけど、ちゃんとしたヤツだったんだな」って書いてあったんだ。

やっていればちゃんと評価される。キミも腐らずに、長い目でがんばってみてほしいな。

そして**キミも誰かをほめてみよう。人って、ちゃんと評価してくれる人のことを好きになるし、評価もする**。周りを評価していれば、「あなたもこういうところがすごいよね」って返ってくるかもしれないよ。

ちなみに、自分より弱い立場の人への態度で、その人の器が見えるんだって。強い相手にはビビって、同じくらいの相手には適度な緊張感、弱い相手には侮った態度で、というように。思いあたること、ある？

いいところはいいと、素直に相手を評価できる心の広い人でいたいよね。

辛抱強く待とう。周りは言葉に出さないだけで
きちんと評価をしてくれている。
できるだけ声に出して、キミも誰かをほめてみよう。

悩み31

どうしたら素直になれますか？

どうしたら素直になれますか？
友だちや彼氏とケンカしたときに絶対に自分から謝れないし、つまらない意地を張ってしまいます。

（高１・女子）

素直になれないっていうなら、伝え方を工夫してみて！

早く謝ってしまったほうがいい

ワイドショーでも「夫婦ゲンカしたとき、どっちが先に謝る?」なんて話題にあがっているのを見るから、これは大人も悩まされる問題なんだろうね。

オレの場合、夫婦ゲンカのときはすぐ謝るし、謝りたいのに謝れないことってないんだよな……。

こっちが先に謝れば、相手も謝りやすかったりするしね。意地を張るよりも、先に謝ったほうがいいことっていっぱいあると思う。

謝ってみるとわかるんだけど、**自分が絶対に悪くない状況って、実はないんだよ。**先に謝ると自分の悪いところに目が向くんだよね。**ちゃんと反省できるから、まず謝るというのは自分の成長にもつながる**はず。

それに、何日も怒っているのって大変だと思うんだ。ずっと怒っていることでエネルギーを使うくらいなら、早く謝ってしまったほうが自分のためにもなるんじゃないかな。

でも「素直になれない」って自分で思っているのだから、それは頭ではわかっているのか。わかっていても素直になれないっていうなら、伝え方を工夫してみたらいいかもね。

面と向かって素直に謝れないのなら、手紙でもいい。はっきり口で言えなくても伝わる方法があるよ。

言葉以外の伝え方もある

相手に自分の気持ちを伝える方法って、言葉だけじゃないと思うんだ。むしろ、**言葉にするとウソっぽく聞こえてしまって、態度で表したほうがいい場合もある。**

たとえば謝りたい相手がぶどうジュースが好きだったら、黙ってその人にジュースをそっと差し出すだけで、「ごめんね」って伝わらない？　うまく口で言えないときは、別のメッセージの伝え方があると思う。

告白するときも、手紙とかメールで伝えることもできるじゃない？　オレ、高校生のときに好きな子を急に呼び出して「好きです」っていきなり告白したことがあるんだけど、今思えばなんて迷惑だったんだろうと思う（笑）。そんなふうにしなくても、相手を困らせずに好きだと伝える方法はいくらでもあるのにね。

たとえば「今度の休みはあいていますか?」とか「もし暇だったらどこか遊びに行きませんか?」とか。それだけで相手に興味があるんだって伝わる。

同じように、「ごめん」という気持ちも、はっきり言わなくてもうまく伝えることができると思うんだよ。

まず自分から謝ってみよう!
うまく言葉にできないなら、文章で伝えるのもアリ。

悩み32

プライドが高くて、周りに嫉妬ばかりしてしまいます……。

プライドが高くて、周りに嫉妬《しっと》ばかりしてしまいます。妬《ねた》んでいる自分は正直みっともないのでやめたいです。どうすればプライドを捨てることができますか？

（高2・女子）

プライドは捨てなくていい！そのうえで周りに嫉妬しなくて済むように、自分の長所を見つめ直そう。

自分のいいところをありったけ書き出してみよう

なるほど。プライドを捨てようとしているんだね。たしかに「プライドが高い」っていうと、なんだか短所のように聞こえるかもしれない。

だけどプライドを持つということは、すごく大切なことだと思うんだ。何か大切にしていることがあったり、自信があることに対してはプライドがあるはず。一生懸命やっていればその感情を持つのは当然のことなんだよね。

だから、プライドを捨てる必要はない。

ただ、問題は周りに嫉妬してしまうことだと思う。

実は**「プライドが高い」のと「嫉妬してしまうこと」は関係がない**んだ。嫉妬は他人と比較しているときに起こるものだからね。**「自分はこれだ！」という強みがあると、人と比べたりすることから解放される**と思う。だから「自分のよさはなんだろう」ということを考えてみるのが大事なんじゃないかな。「文章を書くのがうまい」とか「アイドルに詳しい」とか、どんなところでもいい。とにかく自分が思う長所をたくさん書き出してみよう。

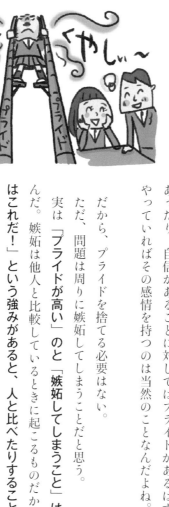

嫉妬心に打ち勝つためには、自分の長所を見つめ直すこと。
どんなことでもいいから、思いつくだけ書き出してみよう。

人と比較してもいいけど、優劣はつけない

いつも先輩に飲みに誘ってもらえたり、ホームパーティーに呼ばれることが多いタイプの人っているんだよね。オレの場合、そうやって先輩からかわいがられる人がすごくうらやましかったんだ。だけど、自分が先輩になって「後輩のかわいがり方っていろいろあるんだ」と思うようになった。

人懐っこい後輩は、それはかわいがられる。だけど、クリエイティブで少し気難しいタイプの後輩はやっぱりパーティーには誘いにくいよね。

ただ、それはかわいがっていないからじゃない。すごく好きだし評価している。そういう人が悩んでいたら、アドバイスしたくなるし、手を貸してあげたくなる。だけど、みんなで騒ぐような場面では誘いにくいというだけなんだ。

オレも昔を振り返ったときに「あのとき、先輩もそうだったんだな」と気づくようになった。そのときは気づいていなかっただけで、先輩からかわいがってもらったなと、今になって思うよ。

人にはいろいろなタイプがあるけど、それには「優劣」があるわけではない。単純に「その人とは違う部分」なんだ。**誰かと比較して優劣を競うのではなく、自分の長所を見つめ直そう。**

自分がうらやましく思っている人が、実は自分のことをうらやんでいることだってあるんだ。自覚しにくいんだけど、自分を客観的に見られれば、自信と余裕が出てくるよ。

プライドを持つのは大切なこと。そのうえで、自分のいいところをたくさん見つけるのが肝心。

悩み33

あがり症です。平常心でいられる方法があれば教えてください。

超あがり症で、面接では何も話せなくなってしまい、
試験でも緊張してしまいます。
平常心でいられる方法があれば教えてください！

（高3・女子）

「あがり症」って言葉に甘えるな！

少し緊張するくらいがちょうどいい

これはとても王道の質問だよね。

まず「あがる」理由はふたつあって、「準備をたくさんしたから、その実力が出せるかどうか緊張する」というものと、「準備をまったくしなかったから緊張する」というもの。きっと後者の人が多いと思うけど、これを解消するためには、きっちりと万全の準備をして臨めばいい。それだけで解決だよ。

「あがり症」って便利な言葉で、そうやって宣言することで、「私は特殊なんです」「許してください」と甘えられてしまう。それははっきり言って、よくないことだよ。

キツいことを言うようだけど、準備不足だったことの言い訳でしかないとオレは思うね。みんな緊張することはあるけど、それを乗り越えているんだから。

では「準備をしたからこそ緊張する」ケースだった場合はどうかというと、これはむしろいい緊張状態だと思う。

緊張しないためには、準備をすることが第一。
面接でどんな話をしたらいいのか、
時間をつくって考えてみよう。

リラックスしすぎるよりは、**多少は胸がドキドキするくらいのほうが集中できるし、ちゃんと実力も発揮できるんだよ。**本番でしっかり結果を残している人は、みんなこのタイプなんじゃないかな。

キミだけの物語が絶対にある！

特に面接で緊張しちゃうみたいだけど、そんなときは面接官の気持ちを想像してみればいい。みんなにとっては最初で最後の面接かもしれないけど、面接官はその日だけでも100人くらいに会っているんだよ。緊張している生徒なんて見飽きているし、誰でも想像できる回答はすでに他の誰かが言っている。「あ、またソレね」なんて思われたら、いいイメージになるわけがないでしょ。

だから、どんな質問をされるかをイメージして、面接官を楽しませられるような答えを用意しておけばいいと思う。**悩み㉔**の「自分の長所」のところでも触れたけど、退屈している面接官に、エンタメを提供してあげるんだよ。

難しく聞こえるかもしれないけど、**君にしかできない話が絶対にある**はず。生い立ちも親の職業も趣味も特技も、みんなそれぞれ違うんだから、その個性を生かしながら「この生徒は落とせないな」と面接官が思うようなストーリーを話してあげればいいんだよ。

「自分は今までこんな人生を歩んできて、そして将来の夢を叶えるためにはこの学校じゃないといけないんです」という物語。それで**面接官を楽しませて印象に残れば勝ち**なんだから、作り話だっていい。その準備をちゃんとしておくってことが、試験を通るためにも緊張しないためにも、すごく重要なんだよ。

準備を万全に整えることだけが解決策！
面接官を飽きさせるな！

悩み34

試験会場での気の持ち方について
アドバイスをください！

私大文系の受験生です。
模試を含めて、試験会場での気の持ち方について
アドバイスをください！

（高3・男子）

ツラい勉強を乗り越えてきたことを
思い出せ！

試験会場では誰もが緊張している!?

こんな質問をしてくるってことは、雰囲気に飲まれやすいタイプなのかな？　**気持ちの余裕がないときこそ、周囲をきちんと見渡すことが必要**だと思うよ。

たとえば合格率3割の学校であれば、7割は落ちるでしょ。その7割にビビってる自分ってどうなの？　……と考えてみると、少しは冷静になれるんじゃないかな。

あるいは、視野をもっと広げて試験監督に注目するとか。彼らも「トラブルが起きないようしっかり見張らなきゃ……」と緊張しているだろうから、自分だけがテンパっているわけではないことに気づけると思う。

要は**「会場にいるのは全員、人間」というあたりまえのことに気づくことが大事**なんだよ。大切な勝負の前って、誰でも緊張するでしょ。そこを忘れて自分の気持ちばかりを見つめようとするから追い込まれちゃうんだ。必要以上に思いつめないよう、試験会場に着いたら周りを見ることから始めてみよう！

試験会場では周りの受験生が落ち着いているように見える。
だが、ライバルたちは内心ドキドキしつつ、
平静を装っているだけなのかもしれない。

自分を信じろ！

もうひとつ、試験会場で意識すべき大事なことがある。それは、**「これだけは負けない！」という自分の中で信じられるものを100％発揮する**こと。

オレの仕事でも〝超アウェイ〟という現場があってさ。たとえばコンテスト系の番組で、放送局、スタッフ、客のすべてになじみがないうえ、対戦相手はキャリアが上の人ばかり……みたいなね。

完全に逆風が吹いているんだけど、そんなときこそ「一番大きい声を出そう！」「必ず先輩より先にボケるぞ！」と心を奮い立たせて、気持ちで負けないようにする。

これは受験も同じ。試験会場で周りの受験生を見て、「アイツらには勝てないかもしれない……」

と思ったら、その瞬間に間違いなく負ける。

多少ひるむ気持ちもわかるけど、そんなときこそ受験勉強の苦しかった時間を思い返して、苦難を乗り越えた自分の力を信じてみようよ。

周囲を見渡し、全員が緊張していることに気づけば、気持ちが落ち着くはず。コツコツがんばってきた今までの道のりと自分を信じよう。

中田語録

戦略下手になるな！
結果が出ないなら
やり方を変えろ！

「気分屋」「あがり症」
「人見知り」……
自分にレッテルを
貼って甘えるな！

長所と短所は
表裏一体。
弱点は武器にもなる

周りの意見は判断材料。
最終的には自分で
納得して決断しろ！

「まだ、やれることはあるか？」
常に自分に問いかけろ！
試せることがあるうちは
負けじゃない！

第4章
受験生は、勉強しかしちゃダメなの？

恋愛・友情・部活について

悩み
35

憧れの同級生とお近づきになりたいのですが、いきなり話しかけても大丈夫でしょうか？

憧れの同級生とお近づきになりたいのですが、「僕なんかがいきなり話しかけたらイヤがられるかも……」と迷いが生じ、声をかけられません。

そんな思い込みを吹き飛ばしてガンガン話しかけていくべきでしょうか？

この件で集中力が失われて、受験勉強もダラダラしてしまいがちです。

平日は1日5時間勉強しようと思っているものの、一段落つくと、すぐに休んでしまってなかなか進みません……。

（高3・男子）

絶対に話しかけるんじゃない!!!!

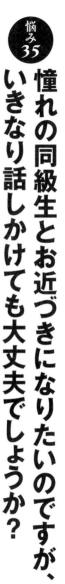

憧れの女子と仲のいい男子の仲間になれ！

憧れの女子とお近づきになるには、たしかにきっかけが必要だよ。だけど、いきなりガンガン話しかけちゃダメだって！　昨日までしゃべったことのない人間が突然話しかけてきたら、マジでビックリするから。相手の立場になって考えてみたら、どう？　怖いでしょ？「勇気を出せ！」じゃなくて、「勇気なんか出すな！」と言いたいね。

じゃあ諦めるしかないのか？　……というと、そうじゃない。キミが憧れの子と同じくらい輝けばチャンスはある。**「仲よくしたい！」と思われるように、立場を変える**んだ。

手っとり早いのは、憧れの子と仲がいいイケてる男子と同じ趣味を持つこと。

たとえば、彼らの好きなバンドのライブに行ったり、同じマンガを読んでみたりする。そうやって知識を仕入れれば、イケメンたちと自然と話が合うようになって、仲間に入れるかもしれない。一度仲よくなっちゃえば、こっちのもの。運動部のエース級のヤツらと互角に話

人気少女漫画『花より男子』では、住む世界が異なる者同士の恋愛が描かれているが、現実ではそれはとてもレアなケース。憧れの子にいきなりアタックするのは危険すぎる。

せるようになったら、女子からの評価も一気に上がるぜ！

共通の話題と仲間をつくって、**少しずつ階段をのぼるように相手との距離を縮めていこう。**

成功体験を積んでイケてる人間になれ！

受験勉強についても悩んでいるようなので、ひとつアドバイスを。キミは掲げる目標がデカすぎる！「1日5時間勉強しよう！」とか「憧れの子と仲よくなろう！」なんて、身の丈を超えているかもね。**まずは小さな目標を立てて、成功体験を積み重ねることから始めてみよう。**それがイケてる人間に変わる第一歩だ。

受験勉強に関しては、「毎日30分」を継続する。スタートはこの程度でOK！

あっ、そうだ。フラッと外出するなら、志望校の下見に行くのがオススメ！**悩み㉒**でも触れたけど、オープンキャンパスがベストだね。大学側も学校の魅力をあますところなく伝えてくれるから、予想以上に楽しいはずだし、勉強のモチベーションも上がると思う。
……とにかくね、恋愛では経験を大事にしよう。「すごい美人と一度だけご飯を食べに行ったことがある」という人より、「たくさんの子とディズニーランドでデートしたことがある」という人のほうが、確実に大人になってから恋愛がうまくいくようになるぜ！

相手に怖がられたら、アウト！
憧れの子と親しくなるには、
少しずつ外堀をうめることから始めよう。

悩み36

彼氏と付き合ってもうすぐ3カ月……、最近連絡がとれなくて悩んでいます。

彼氏と付き合ってもうすぐ3カ月になりますが、最近あんまり連絡がとれなくて悩んでいます。待っているだけではなく、自分からどんどん連絡したほうがいいんでしょうか？

（高1・女子）

今は連絡しないほうがいいと思う……。

返事がないのも無言の意思表示

このあたりの駆け引きはいくつになっても難しいな……。オレは恋愛マスターではないから、ひとりの大人としての意見を言わせてもらうと、相手が何を思っているのかを考えることは必要だよね。

今は、すでに自分から何度か連絡しているけど返信がないという状況なのかな？「連絡すべき」か「すべきでないか」でいうと、今は連絡しないほうがいいと思うんだよね。

まずは、どうして連絡がこないのかを考えてみてほしい。「忙しくてちょっと連絡ができない」っていうときもあるけど、もしかしたら「今はあなたと距離を置きたい」と思っているかもしれない。そんなときにグイグイいっても余計に気持ちが離れてしまうと思うんだ。

だから、連絡がないのは相手からの「NOサイン」である可能性も考えておいたほうがいいかもしれないね。「**言葉にならないサインのやりとりが恋愛の8割を占める**」とオレは思う。それを読み間違えないようにするのが大事だね。

返事がないのは「無言のNO」である可能性も。
恋愛においては、言葉以外のものから
相手の心を感じとる感性も大事。

新しい出会いが救いになる

じゃあ、これからどうしたらいいかというと……いっそのこと、新しい恋をしてもいいんじゃないかと思うよ。

冷たく聞こえるかもしれないけど、次の相手を探すことは決して悪いことじゃない。オレと奥さんも、「どちらかが先に死んだら、すぐに次の相手を探して再婚してもいい」という話をしているんだ（笑）。**誰かを失った傷を癒してくれるのは、次のパートナーしかいない**と思うんだよね。

今の状態って、はっきりしなくてすごく気持ちが不安定になると思う。相手に固執してモヤモヤするよりは、次の出会いを楽しむくらいでもいいんじゃないかな。

もし、忘れた頃に向こうから急に連絡がきたとしても「いや、私はもう興味がないので」って言っちゃうぐらい、したたかでもいいんじゃないかなと思うよ。

なかなか連絡がとれないのも相手からのメッセージ。
モヤモヤした状態でいるくらいなら、新しい恋を探そう！

悩み37

好きになる人には、いつも妹のように思われてしまいます。

好きになる人には、いつも妹のように思われてしまいます。どうすれば女子として見てもらえるでしょうか？

（高2・女子）

〝彼女一歩手前〟の女子を男は〝妹〟と思うもの！

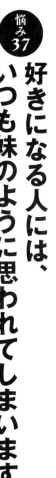

相手を観察しながら少しずつアプローチしよう

妹のような関係から恋愛に発展させたいっていうことだね。
でも、妹のように思われているっていうのはすごく有利じゃない？　「男子としゃべることができません」とか「友だちがいません」というわけじゃなくて、好きな人に妹のように思われるくらいの距離にはいるっていうことだからね。

男って、好意を持っている女の子のことを、妹のように感じることも多いものだよ。だとしたら、キミはかなりラッキーな位置にいるってこと。「妹のように思われていていいな！　ずるい！」って思っている他の女子もいると思うんだよ。そのうえで異性として見てもらえるにはどうしたらいいかを考える必要があると思っているから、すごく高度なことかもしれないね。

「妹」っぽかったキミが、**急に「女」を意識させたら……一気に彼女になれる確率は高い！**　ふだんと違うデート服のギャップでドキッとさせたりもアリだよ。

好きな人が自分に対してどう思っているのか
じっくり観察して、少しずつ関係を発展させよう。

大事なのはいきなり告白をするのではなく、**相手の反応を見てちょっとずつ距離を縮めていく**こと。

たとえば、デートに誘うとしても最初からふたりきりではなく3対3くらいで提案してみたりとかね。そこで相手も楽しんでくれているようだったら、今度は2対2にしようかとか、「遊園地に行くのはどう？」って新しく提案してみたりしてもいいと思う。相手の反応をじっくり観察して、温度感を大切にしてみよう。

ときには引くことも大事だよ

よく「好きな人に告白したほうがいいんでしょうか？」みたいな悩み相談に、「好きって言われてイヤな気持ちになる人はいないからどんどん積極的にいこう」っていうアドバイスを見かけるけど、個人的にはそうとは言いきれないと思うんだよね。本当はイヤがっているのに、プッシュしてしまうと怖がられてしまうこともあるわけだから。

好きになると周りが見えなくなってしまうことがある。

だけど、「妹のように思われて悔しい！　無理やりにでもアタックしよう」っていう発想にならないように気をつけてほしい。ときには引くっていうことも大事なんじゃないかな。**友だちでいたいと相手から思われているのに、「好きです」って伝えるのって、相手に大きな負担を与えてしまう場合もある**かもしれないからね。

なんでこんなこと言うかというと、昔のオレはそれができなかったんだよね……。**悩み31**でも触れたけど、全然話したことがないのに、いきなり呼び出して「好きです」と告白したり。今思えば、どうして相手の温度感を感じとることができなかったんだ……と思うんだけどね。

だから、オレが失敗した分までキミにはがんばってほしいな（笑）。

「妹」というポジションは、全然悪くない！
向こうの気持ち次第では、ときには引いて、
「彼女」になるチャンスを待とう！

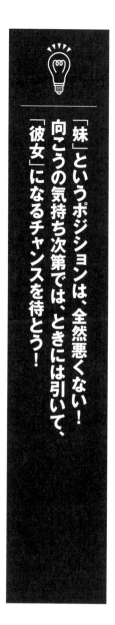

悩み38

好きな人のことで頭がいっぱいになって勉強に集中できません。

好きな人のことで頭がいっぱいになって勉強に集中できません。どうしたらいいですか?

(高2・女子)

好きな人にアプローチすることで結果的に勉強に集中できる!

彼にアプローチしながら勉強もする

すごいな、好きな人のことで頭がいっぱいになっちゃっているんだもんな……。でもそうか、「好きだ、好きだ、好きだー！」ってなっちゃうときって、たしかにあったな。「あの子のこと好きじゃない、いや好きだな、めちゃくちゃ好きだ」って気持ち、オレにもあったことを思い出した。好きだって思ったら気持ちが加速しちゃってどうにも止められない、みたいな。**そこまで好きになれることはすごく素敵なこと**だよね。

この状態で、好きな人のことを一切考えないで勉強に集中しなさい、と言われても絶対無理だよね。気持ちを抑えようとすると、なおさら勉強に支障が出そうだし。だから**うまく彼にアプローチしながら、勉強を進めていくしかない**と思う。

「そんなの難しい！」って思うかもしれないけど、アプローチすることは勉強に集中するためにも有効なんだよ。好きだけどどうしたらいいのかわからなくて、気持ちを胸に秘めたままだから彼のことを考え

勉強と恋愛は両立できないわけではない。
彼にアプローチすることは、結果的に
勉強に集中するためにも有効だよ。

る気持ちを抑えられない部分もあると思う。アプローチしてみると、ダメだったらそれで諦めがつくし、うまくいけばそれはもう本当にハッピーだしね。

　この状態になったら相手を忘れることなんてできないから、**段階を踏んで冷静にアプローチする**ことをオススメしたい。

好きなことをしながらでも勉強はできる

ただ、くれぐれも気持ちが抑えきれなくなって暴走したアプローチをしないようにね（笑）。勉強と同じように、きちんと手順を踏んでステップアップしていくことが大事だよ。そう思うと、恋愛すれば勉強の効率もよくなりそうだな（笑）。

　恋愛以外でも、たとえば漫画やゲームがしたくなって勉強に集中できないとか、部活ばっかりで勉強する時間がないとか、そういうことって誰でもあると思う。でもそんなときは、勉強以外の自分が好きなことをやっていいと思うんだ。

どうしてもしたいことがあるのにそれを我慢したって、勉強なんてできやしない。好きなことをやったとしても、すべての時間を費やすわけではないから、勉強する時間を確保することはできるはず。好きな人のことを1日22時間考えていても、あと2時間は勉強できる！

勉強だけやるのはやっぱりキツい。特に受験生じゃないならなおさら、**自分がやりたいことと勉強の両方をやればいい**んだよ。自分がやりたいことをいろいろやってみよう。恋愛、楽しんでみてね。

恋も勉強も、両方やっていこう！好きな人にアプローチすることで、勉強の効率が上がることもある。

悩み39

同じ大学を目指す親友が落ちて、自分が受かったらどうしたらよいでしょうか？

同じ大学を目指している親友がいるのですが、彼女が受けようとしている学部はレベルが高いため、「親友が落ちて自分だけが受かってしまったら……」と悪い想像をしてしまい、勉強がはかどりません。どう考えればいいでしょうか？
また、私の恐れていることが実際に起こってしまった場合はどうすればいいでしょうか？

（高3・女子）

親友と同じ学部を受けるんだ！ 親友より、まずは自分のことを考えよう！

不安の裏に潜む「嫉妬」と「羞恥心」!?

うわ……この相談、ちょっと怖い。なんだか独特の「湿度」を感じるんだよな……。まあ、いいや。ここからはオレの勝手な想像という前提で聞いてね。

今キミが感じている不安の中には、ふたつの要素が含まれていると思うんだ。

ひとつは「**嫉妬**」。オレが思うに「親友が落ちてしまうかもしれない」という不安は、「親友に無難な道を選んでほしい」という気持ちの裏返し。なぜ無難な道を選んでほしいかというと、親友が自分よりレベルの高い学部に受かったら嫉妬心が芽生えてしまうから。そうした恐怖が彼女の不合格を心配する気持ちの裏側に潜んでいると思うんだよね。

もうひとつは「**羞恥心**」。キミの親友には明確な目標がある。たとえ失敗しても再チャレンジすればいい。それはキミも同じだ。なのにキミは、彼女と一緒に進学することを目標にしている。その理由はおそらく、進学に対する明確な目標がないか、受験で失敗することへの羞恥心が強くあるからなんだよね。
どうだろう、オレの読み、あたっているかな？

以上のことから、キミの相談に対するオレからのアドバイスはこう。「キミも親友と同じ学部を受けよう！」。お互いに気持ちよく大学生になるには、理想の環境に一緒に進学するしかないと思うな。

「受験」という戦場は孤独な戦い!?

「私の恐れていることが実際に起こってしまった場合はどうすればいいでしょうか？」という相談にも答えようか。

そもそも**受験において「友人と一緒」は成り立たない**。マラソンと一緒で、**受験勉強は常に自分との戦い**だ。もちろんキミの親友も、高い目標を目指して自分と戦い続けている。そう考えると、キミは親友の心配なんてしている場合じゃない！　キミが「親友と一緒に合格」という理想を実現したいなら、精いっぱい自分自身が受かる努力をするしかないんだ！

人間、気持ちの弱さをうめるために「誰かと一緒に」を選択しがち。
でも、「一緒にゴール」が目的になってしまうと、
本当に必要なことを見失ってしまうこともある。

お互いにベストを尽くした中で親友が不合格だった場合、キミは何も言わなくていい。慰めも必要ない。優しい言葉をかけているつもりでも、結局「上から目線」になってしまって余計に相手を傷つけかねないからね。受験の挫折は本人しか受け止められない。本当にシビアな世界だよ。

たとえ進路が違っても、お互いがんばっていれば、いつかまた一緒になれるときはくるものなんだ。

これからいろんな岐路があるし、出会いや別れもある。でも、未来をそう考えたら、前を向けるよね。だから、少しでも理想の状況を引きよせられるよう、大事なことをもう一度言っておく。

キミは自分のことだけを考えなさい。親友は「戦友」かもしれないけど、基本的に戦場では誰もが「ひとり」なんだ。以上!

親友と同じ学部を受けて一緒に合格を目指すのが一番!
別々の学部を受けるのであれば、自分のことだけを考える。
親友が不合格だった場合、慰めの言葉はかけてはならない。

悩み40

校内にひとつしかない大学推薦枠を親友と奪い合うことになりそうです。

推薦が校内に1枠しかない大学を狙っています。
でも、どうやら仲がいい友だちもその推薦を狙っているようなのです。
どっちが合格しても、なんだか仲がギクシャクしてしまいそうで怖いです。

（高3・男子）

どっちが推薦で合格するかなんて関係ない！
最終的にふたりとも合格できればOK

「合格」というゴールにたどりつけばそれでいい

校内推薦は枠の奪い合いだからね。オレは一般入試で慶應大学に受かったんだけど、実は推薦を受けようとしたことがあってね。学校に慶應の推薦がきていたから「じゃあ、推薦で行こうかな」と思って、担任の先生に「なんでもするからオレを推薦してください」って直談判しにいったんだ（笑）。でもそこで「ダメだ！」って思いっきり断られたから、「じゃあいいよ」と思って一般入試で受験したんだよ。

ところで、女性アナウンサーの平井理央さん（元フジテレビ、現在はフリーアナウンサー・タレントとして活躍中）とは高校の同級生でね。彼女は校内推薦で慶應に行ったんだ。もちろん当時はそんなこと知らなくて、オレは自分の受験勉強にとり組んだ。

大人になってからじっくり話す機会があったんだけど、そのときに「私が推薦で慶應に行ったこと、中田くんは怒ってる？」と言われたんだ。どうやらオレが推薦されなかったことを恨んでいるという噂があったらしい（笑）。

もちろん平井さんが慶應に行ったことは知っていたけど、校内推薦で行ったことすら知らなかった。結局誰が推薦の枠をとったかなんて、オレは全然気にしていなかったんだ。

正々堂々とお互いがんばる

平井さんが言うには「中田くんは一般入試でも受かるから、合格できるか怪しい平井を推薦する」と先生に言われたらしいんだけどね。

ただ、先生はオレに対しては「中田なんかに推薦はやらん！」って言っていたから、本当に先生がそう思っていたかどうかは怪しいよ（笑）。

たとえどちらかが推薦で不合格になるとしても、
それが原因で仲が悪くなる必要はない。
ふたりとも合格できるようにがんばろう。

ただ結果として、お互い慶應に合格したから言えることかもしれないけど、誰が推薦で受かってもギクシャクなんかしないと思う。推薦がダメだったら、一般入試を受ければいいだけだから。もし受験して落ちたとしても、推薦で合格した相手を恨むのはお門違いだよね。

オレと平井さんの場合はあまり親しい関係じゃなかったけど、仲がいい友だち同士でも同じだと思う。むしろ、**同じ大学を狙うライバルとしてお互いが切磋琢磨していけばいい。**

「どっちが推薦で受かっても、最終的にはふたりとも合格できるようにがんばろう」って、結果がわかる前に話しておくのはどうかな？

相手に遠慮することも、恨むこともナシで、まずは志望校に合格できるようがんばって！

友だち同士でギクシャクする必要はナシ！ふたりとも合格できるようにがんばることが大事。

悩み
41

仲よしグループのうちのひとりが苦手です。

仲よしグループのうちのひとりがあまり好きではありません。
でも他の友だちはみんな仲がいいし、グループも変えられません。
どうしたらいいですか?

(高3・女子)

その子のいいところを
他の友だちに聞いてみよう!

嫌いな人にもいいところがあるはず

「あの人とは反りが合わない」「なんか腹が立つ」って、大人になってもやっぱりよくあること。でも、だからといってここでその友だちをグループから追い出そうとするのは難しいんだよね。同じグループの他の友だちは、その子のことを好きなわけだから。グループの輪を乱そうとすると、逆に自分が嫌われてしまう可能性もあるし。

グループのみんなから好かれているということは、相手にもいいところがあるはずなんだよね。

だから、その子のいいところを他の友だちに聞いてみたらどうかな。

「あの子は困ったときに助けてくれた」「ある趣味があって、やたら詳しくておもしろいんだよ」とか、何かエピソードが出てくると思う。そこから、**自分では気づけなかった相手のよさが見えてくる**かもよ。まずはグループの他の友だちに、いいところをリサーチしてみよう。

「耐える」のもひとつの手段

オレね、高校時代にすごく嫌われていたことがあった。だけど、中にはオレと話してくれる友だちもいたんだ。あるとき、その友だちがすごく傷ついていたことがあった。どうやら他の友だちから「なんで中田と仲いいんだ？」と聞かれたらしい。それですごくショックを受けたというふうに言われた。

たしかに他の人からしてみれば、オレなんかと仲よくしているのが不思議だったんだろうな。

でも今思えば、もしそこで「なんであんなヤツと仲いいんだよ」っていう言い方じゃなくて、「中田と仲いいけど、どういうところが好きなの？」っていうふうに聞いていたら違っただろうなと思うんだ。そうしたら、誰も傷つくことはなかったし、相手のよさを知る機会にもなったからね。

その人にいいところがあるから、他の友だちは付き合っているはず。どんなところが好きなのか聞いてみよう。自分は知らなかった相手の一面がわかるかも。

だから、**まずは相手のいいところを知ろうとすることが大事**なんだ。

ただ、もし誰かに聞いても相手のいいところがわからなかったら、もしそれでも嫌いだと思うんだったら、そこで「耐える」というのもひとつの手段だと思うんだ。中には自分にだけ「イヤなヤツ」

という場合もあるからね。耐えるというか、事を荒立てない。イヤなことがあるとつい本人に言いたくなってしまうんだけど、言わない。心の中では嫌いでいいんだけど、嫌いなオーラを出してしまうとギクシャクしてしまうからね。

悩み㉘でも言ったけど、**敵意をむき出しにしたら、自分の首を絞めることもある。**別に24時間一緒にいるわけでもないし、同じグループにいたって、その人とあまり会話しなくてもなんとかなるもの。どうにかしてその友だちをグループから外そうとするよりも、うまくやる方法を見つけるといいよ。

同じグループの子にその友だちのいいところを聞いてみよう。どうしても好きになれなくても、嫌いなオーラは出さないほうがいい。

悩み42

勉強と部活の両立をどうするべきか悩んでいます。

野球部に所属している高校2年生です。3年の先輩の中には秋まで現役を続け、受験勉強と部活の両立に苦しんでいる人もいます。自分も来年同じ道を歩むのではないかと不安でなりません……。やはり一般入試で偏差値の高い大学を目指すのなら、きっぱりと部活を辞めて勉強に打ち込むべきでしょうか？

（高2・男子）

自分にとって大事なことを優先しよう！

人生を左右する選択は必ず自分で決断せよ！

これはよく考えたうえで決断すべき大事な問題だね。キミの悩みは、突きつめると「時間の使い方」という結論に行き着くと思う。部活を続ければ勉強時間が削られる。だけど、部活を辞めて勉強に打ち込めば高校時代の思い出をひとつ捨てることになる。どっちを選択するかだよね。

将来を考えるなら受験勉強に打ち込もうという結論になるかもしれない。「野球なんて大人になってもできる」という意見もあるだろうしね。

ただ、「高校時代に野球部で活動すること」は大人になったら二度とできない。部活で苦楽をともにした仲間との関係は一生の財産になるから、部活を辞めることで失うものの大きさも計り知れないわけだ。

希望の進学を叶えることと思春期の経験を大事にすること。どちらが大事かはキミの価値観次第。ただ、**どんな選択をするにしても、自分の意思で決断してほしい。人任せにすると、人生に対する覚悟が生まれないし、後悔がつきまとう。**やはり自分の決めた道に納得するこ

高校生は進路を決める時期だけに、さまざまな人からアドバイスをもらう。だが、決断を人任せにすると後悔する可能性が高い。

とが大事なんだよ。

誠心誠意伝える姿勢があれば、人間関係はこわれない

ここからはオレの想像だけど、キミは「部活と受験勉強の両立は難しい」と感じているものの、仲間とのつながりもあるから簡単に部活を辞めると言いづらくて悩んでいるんじゃないのかな？

だとしたら、仲間には率直な思いを伝えたほうがいいと思う。勉強と部活の両立については多くの学生が悩むところだから、周りも理解してくれるはず。

たとえば、「僕は正直野球が好きでここまでやってきました。でも、どうしてもA大学に入りたくて受験勉強に集中したいんです。家庭の事情で浪人はできないから、部活を辞めようと思っています。どうか許してください」とかね。

正直に悩んでいることを打ち明ければ、「大事なことをよく話してくれた」と仲間との絆は深まると思う。逆に変に言い訳をしてしまうと、信頼関係が失われる。**自分の正直な思いから逃げず、きちんと言葉にして伝えることが大事**なんだ。

これは親に対しても同じだよ。親からすれば高3になった子どもがなんとなく部活を続けていても不安だし、かといって突然辞めたりしても心配になる。そこで、「受験勉強に打ち込むために部活は辞める！」「仲間との関係も大事にしたいから、部活と両立させる」とはっきり宣言すれば、親も安心できるはず。**「人を納得させる」というのは、自分の覚悟を言葉にすること**なんだ。

人生は「何に時間を使うか」という選択の連続。それを自分で決断することが大事！

悩み43

部活を辞めました。後悔はしていないけど、うらやましくなってしまいます。

最近、部活を辞めました。後悔はしていないけど、部活に打ち込んでいる人や部活の仲間でつるんでいるグループを見るとうらやましくなってしまいます。どうしたらこの「部活コンプレックス」がなくなりますか?

（高2・男子）

部活以外の環境を楽しもう!

隣の芝生は青く見えるもの

そうか、最近辞めたんだ。辞めた理由はわからないけど、後悔はしていないのだから、悪い理由ではなさそうだね。

仮に部活を辞めた理由が受験勉強に向けてだとしたら、反対に部活のメンバーはみんな内心焦りを感じているんじゃないかな。「オレ、勉強もできないのにまだ部活をやってる……。なんとなく居心地がいいからやってるだけで、モテもしないのに続けてる……」と(笑)。

辞めた側から見たら部活をやっている人がうらやましく思えるし、逆に部活をやっている人からしてみれば帰宅部がうらやましく思えるんだよ。だって、辞める前は部活をやっていない人を見てうらやましく思ったでしょ？「勉強する時間があっていいな」「キツい練習しなくていいな」って。

もちろん、部活で得られるものもあるかもしれない。だけど、それ以外にも楽しいコミュニティもおもしろいこともたくさんあるんだよ。それは部活を続けていたらわからないことだと思う。だから、これからはその新しい環境が待っているよ！

違う立場の気持ちを知るきっかけにも

でもね、この感覚ってよくわかるんだよね。

オレはね、20歳からタバコを吸い始めたけど、30歳で禁煙に挑戦したんだ。そのときに、「はぁ、オレは楽しみを失った……」と思ったんだよ。喫煙所でタバコを吸い続けている仲間を見ては、うらやましかったし、ひとりぼっちな気分になった。それでまた吸ってしまったんだよ。

ところが喫煙を再開したら今度は、禁煙した人の話を聞くたびに不安になるんだ（笑）。「やばい、あの人もやめた……。オレはどうしよう、まだ吸ってるけどどうするんだ……」って焦ったんだよね。

結局、また禁煙して1カ月半くらい経ったら、急にタバコの臭いがちょっとイヤだなと思うようになってきた。そのときくらいからタバコのことをあまり考えないようになったし、喫煙所以外のコミ

新しい交友関係も広がるし、部活をやっていたらできないことや知らなかった世界もあるはず。そのうちうらやましさもなくなってくるよ。

ュニティを知るようになったわけ。

最終的には、結婚と同時にタバコはキッパリやめて、それ以来今も全く吸っていないんだ。

キミも、しばらくはうらやましい気持ちが続くかもしれないけど、部活を辞めたことを後悔していないなら大丈夫！　今まで部活をやっていた分の時間を有意義に過ごすことを考えよう。


うらやましく感じるのは今だけ。後悔していないなら部活コンプレックスもそのうちなくなる！

悩み44

部活の部長になるよう言われました。どうしたら断れますか？

顧問の先生から部活の部長になるように言われました。本当はやりたくありません。どうしたら断れますか？

（高2・男子）

きちんと説明すれば断れると思うけど、個人的には部長になってほしい！

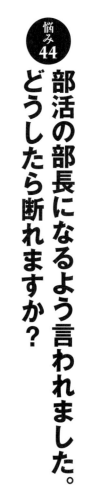

新しい可能性を試すチャンス

まずわかっていてほしいのは、顧問の先生は部長に向いていない人にやるようになんて絶対に言わないよね。**指名されるってことは何かで評価されているということ**。これって、すごく名誉なことだよ。部長になってがんばったら、いろいろ得られる経験も多いと思うんだ。

でも、本人としてははっきりやりたくないと思っているわけだから難しいな……。なんでやりたくないと思っているかわからないけど、個人的にはチャレンジしてみてほしいな。

オレは部活をやっていなかったし、部長になったことだってないけど、もう一度人生をやり直せるのであれば、リーダーになってみたいって思うんだよね。オレが部長になって、最高のチームをつくって、大会で優勝する。そんな妄想をするんだよね（笑）。今となっては、そういうのに憧れちゃうんだよな。

だからオレは部長になるべきだと思う。

ちゃんとやりたくない理由を説明できれば断れると思うけど、
部長になってみるといろいろなことが学べるはず。
挑戦してみるのも悪くない!

断りたいなら反論を準備しておけばＯＫ

もしどうしても断りたいなら、なぜやりたくないのかを明確に伝えられたらわかってもらえるはず。納得できる理由なら顧問の先生も諦めると思うんだよね。

いろいろ反論されるかもしれないけど、言われそうなことをあらかじめ想定して、その答えに対する反論を準備しておけば大丈夫。

それはオレがお笑い芸人になるときも、父親を説得するためにやったことなんだ。**悩み03**でも話したね。

「もし芸人だけで食べていけなかったら?」と反論されたら「そうなっても、親のすねはかじりません」と答えようとか。「もし長年やっても芽が出なかったら?」と問いつめられたら「そのときは再就職します」と答えようとか。こんなふうにシミュレーションして、答えを先に考えておく。そうやって全部の反論を返すことができたら、しょうがないかということになるよね。これは誰かを説得したいときには有効な手段じゃないかな。

……ただね、やっぱりオレとしては、キミには「断らない」という選択肢をオススメしたいんだよなー（笑）。

人って環境に合わせて変わっていくもので、部長には**向いていない人も実際にその立場になるとそれらしい人になっていく**んだよね。だから自分にはできないと思っていたとしても、やってみることが大事だなと思うよ。**ふだんと違う視点から物を見るということは、成長できるチャンス**なんだ。

せっかくのチャンスなら、モノにしたほうがいいよね。やりたくても、そのチャンスが与えられない人だっているんだから。もらえるものはすべてもらっておこう！

やりたくない理由が漠然としているなら、やるべき！
チャンスはつかめ！ もらえるものはもらっとけ！
「立場が人をつくる」ということもある。

悩み45

学校の校則が厳しく、規定以外だと先生が没収……いくらなんでもやりすぎじゃないでしょうか？

どうして校則を守らなければいけないのでしょうか？

私の通っている学校はとにかく校則が厳しく、茶髪は禁止で規定以外のカバンやセーターだと先生に没収されてしまいます。

いくらなんでもやりすぎじゃないでしょうか？


（高2・女子）

校則を破るのではなく、「ルールを変えてやる！」くらいの気持ちでいこう！

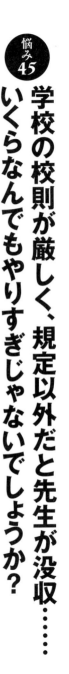

ルールはいつも絶対というわけではない

大人がつくったルールって、すごく意味がわからないと感じるものが多いよね。ただ、大人としては子どもたちを守るためにルールを設定している場合が多いんだ。茶髪もＯＫ、どんなセーターを着ていてもいいよ……としたときに風紀が乱れる可能性を恐れて、校則を設定したんだよね。

ただ、そのルールが必ずしも最善のやり方かどうかはわからない。

たとえば、昔は男女がふたりで話すことを禁止していた学校もあったらしいんだ。恋愛関係に発展するのを学校側が心配したのだろうけど、それってなんだかおかしいよね。

だから**ルールはいつも絶対というわけではなく、間違っていたら改定していく必要がある**と思う。

ただ、そこで**校則がおかしいからといって陰でこっそり破るのは間違っている**気がするんだ。

法律で考えてみようよ。納得いかないからって破っていいわけじゃないよね？　校則も同じこと。正々堂々と、ルールを自分の力で変えようと考えるべきじゃないかな？

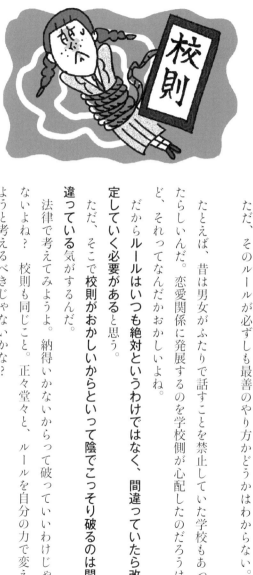

校則がおかしいと思うなら、
正々堂々と校則を変えるために
どうしたらいいのか考えてみよう!

おかしいと感じたら自分の力で変えてみよう

とはいっても、具体的にどうやって校則を変えたらいいかわからないよね。

でも、何か行動してみないことには始まらないんじゃないかな。

たとえば、全校生徒から署名を集めたり、他の学校の校則を調べてみたり。「近くの○○高校の校則はうちと違って、茶髪もOKですけど特に問題ないです」なんていろいろな高校のリサーチ結果をプレゼンされたら、先生だってびっくりして話を聞いてくれるかもしれないし(笑)。そういうことができるようになったら、かなり大人だよね。

ルールに従うことが必ずしも真面目でいい子だというわけではない。でも、ルールが悪いからといって、隠れて校則違反の格好をして、先生に怒られて……っていうのは、自分自身も損をしていると思う。

校則に限らず、ルールは何に対してもあるもの。サッカーだって野球だって、ルールがあったうえで成り立っているよね。校則に限らず、**おかしいと感じたことは自分の力で変えてみせるパワーのある人になってほしい**な。

校則をきっかけに、世の中になぜこのルールがあるのか？ を問いただしていけば、死刑問題のこと、少年法のこと、憲法改正のこと、社会のさまざまな問題を身近に引きよせられると思うよ。

校則がいつも正しいとは限らない。
おかしいと思ったら、具体的に何か行動してみよう！
そうすれば、さまざまな社会問題にも敏感になれる！

悩み46

文化祭の準備より受験勉強をしたい。でも準備をサボるとみんなに嫌われそうで……。

もうすぐ高校最後の文化祭です。クラスのみんなは張りきっていますが、私は文化祭の準備をするヒマがあったら受験勉強したいと思ってしまいます。でも、準備をサボるとみんなから嫌われそうだし……
どうすればいいと思いますか？

（高3・女子）

どちらを選んでもリスクはあるもの……
だからこそ、自分が後悔しない選択を！

クラスの行事に参加しないと……

あれ、これは高校生のときのオレと一緒だな……。

高3のとき、クラス対抗で演劇の出し物をしてさ。でも、文化祭が9月か10月くらいの時期だったから、受験生にとっては大事な夏休みを練習に費やさないといけなくて。オレは勉強したいし、全然乗り気じゃなかったんだ。

だけど、演技をする人か裏方をする人、脚本をつくる人、どれかのポジションを全員選ばなければいけない。それでオレはどうしたのかというと、副演出の担当に自ら立候補したんだ。

実は、うちのクラスには演劇部の部長がいたから、その子が演出を担当するっていうことはもう決まっていた。演出に関してはその子に任せておけば大丈夫じゃない？　だから、「副演出はやることないだろう」と勝手に思って立候補したわけ（笑）。それで結局、オレは夏休みの練習に一度も参加しなかったんだよ。「演出を仕切る人はいるわけだし」とか「勉強忙しいし」みたいに、自分の中で言い訳して。

案の定、夏休み明けに大変なことになった。もうクラスにオレの居場所なんてないわけだよ……（笑）。全員を敵に回すような行動をとって、オレはもう周りから完全に失望された。

自分が後悔しないためにはどうすればいいか

ただ、事実としてオレはその後に現役で大学に合格した。でもだからといって、文化祭の練習をサボったのがよかったのかなんてわからないよね。結局、どちらを選ぶのが正解なんてことはないと思う。**どっちを選ぶにしてもリスクがあるんだ。**

だからこそ、大事なのは自分が後悔しない選択肢を選ぶこと。

文化祭の準備に時間を使うのか、
自分の勉強を優先させるのか……
どちらにも問題点はあるもの。

たとえば、文化祭の準備をしているヒマがないから、勉強を優先したとする。その結果、みんなから嫌われた。

反対に、高校最後の文化祭だし、悔いのないように練習に打ち込んだ。でも、最終的に受験には落ちた。

どちらにしても、**ダメだったときに誰も責めちゃいけない。自分の選択に責任を持つ覚悟が必要なんだ。**それはどんなことにおいても同じだと思うけどね。

ちなみにオレの話に戻ると、卒業してからその演出を担当していた子に「オレのこと恨んでるでしょ?」って聞いたんだ。そしたら、「中田くんが副演出だったなんて覚えてないな」と言われたんだよ(笑)。オレは勝手に疎外感を感じてずっと後悔していたけど、相手はもう忘れていた……。

どちらを選んでも、ときが経てば意外とそんなものなのかもね。

文化祭の準備に没頭すれば、受験に失敗するリスクもある。準備をサボれば、人間関係がこわれるリスクもある。どちらを選んでも悔いを残さないことが大切。

悩み47

今年でラストＪＫ。卒業までにひとつくらい楽しい思い出をつくりたいです。

今年はラストＪＫですが、あまり高校が好きではありません。だけど、せめて卒業までにひとつくらい楽しい思い出をつくりたいです。残り１年間、何をしたらいいと思いますか？

（高２・女子）

自分がやって楽しいことは何か考えてみて！

未知の体験こそ一生モノの思い出

オレも大学生のとき、そうだったな。キャンパスライフの思い出をつくりたいと思った頃にはもう卒業間近で、「1、2年のうちに何かやっておけばよかった！」って思ったよ。

ただ、思い出はいつだってつくれるからね。これまでの高校生活の2年間はあまり楽しくなかったかもしれないけど、これからいくらでも巻き返せる。まずは残りの1年間で、自分がどんなことをしたら楽しくなるのか考えてみよう。

文化祭や学校行事を真剣にやってみてもいいし、計画してみんなで卒業旅行に行くのもいい。思いきって無人島に行くってのもアリ！

別に特別変わったことをする必要はなくて、なんでもいいんだ。

ただ、大事なのは**自分が積極的に企画してみんなを楽しませること**だと思う。あと、**今までやったことのないことに、チャレンジすること**。

なんとなく友だちで集まって、なんとなく遊びに行っておしまいだと、せっかく出かけたのにあんまり思い出に残らなさそうじゃない？

だから、**自分から行動するのがすごく大事**なんだよね。
人を巻き込んで何かやったりするのってやりがいもあるし、すごく楽しいと思う。相手が楽しんでくれたら、その人の思い出にも残るしね。

学校行事でも恋愛でもなんでもいい。
自分がやっていて楽しいことを
積極的にやってみよう!

恋愛だって思い出になる

あとは好きな人をデートに誘ってみたり、告白して思いを伝えてみたり。恋愛をがんばってみてもいいかもしれないね。その結果、恋人ができるかもしれないし、恋は叶わなかったとしても仲よくなって親友になれるかもしれない。好きな人にアプローチするためには、周りの協力も必要になってくる。友だちに協力してもらっているうちに友情も深まるから、一生懸命恋愛してみるのもいいよね。

これも、ただなんとなくアプローチするのではなく、「まずは友だちと一緒にキャンプに行って、そこで仲よくなって、秋の文化祭で告白しよう」っていうところまで計画を立てるといいと思う。

何をするにしても、まずは**誰かと一緒に何かをするのが大事**。やっぱり思い出はひとりでは残しづらいから、ぜひ誰かを誘うことから始めたらいいんじゃないかな。

ラストJKだもんね。素敵な思い出ができるといいね。

大変なこと、未経験のことを誰かと一緒にやってみる。
それくらいしないと思い出なんてつくれない！
常に大きい目標に向かって進めば「大合格」間違いなし！

中田語録

勉強と恋愛は
両立できる!

言葉にならない
サインのやりとりが
恋愛の８割を占める

チャンスはモノにしろ!
もらえるものは
すべてもらえ!

好きな人と近づきたいなら、
相手の反応を見ながら
少しずつ距離を縮めよう。
焦りは禁物

受験は自分との戦い。
「友だちと一緒に」は
成り立たない

ふだんと違う
視点を持てば、
成長できる

本書は、「スタディサプリ 放課後版」で連載された「参考書じゃなくオレに聞け！」の記事を再編集し、大幅に加筆して書籍化したものです。

デザイン 木庭貴信＋オクターヴ
編集協力 成瀬瑛理子（株式会社プレスラボ）
田島太陽（BLOCKBUSTER）
渡辺のぞみ
本文イラスト とげとげ。
後藤亮平（BLOCKBUSTER）

中田敦彦（なかた　あつひこ）
東京学芸大学附属高校から慶應義塾大学経済学部に進学し卒業。オリエンタルラジオとして芸能界デビューし「武勇伝」でブレイク。数々のバラエティ番組でレギュラーとして活躍。また、RADIO FISHとして『PERFECT HUMAN』の楽曲でブレイクし紅白歌合戦出場。『しくじり先生』（テレビ朝日系）での授業や『アメトーーク！』（テレビ朝日系）でのプレゼンが好評であり、知性派タレントとして最近は『ビビット』（TBS系）にてコメンテーターの仕事もこなす。妻はタレントの福田萌。二児の父。

大合格《だいごうかく》　参考書《さんこうしょ》じゃなくオレに聞《き》け！

2017年4月8日　初版発行
2017年5月10日　6版発行

著者／中田《なかた》敦彦《あつひこ》

発行者／川金 正法

発行／株式会社KADOKAWA
〒102-8177　東京都千代田区富士見2-13-3
電話　0570-002-301（ナビダイヤル）

印刷所／株式会社加藤文明社印刷所

ISBN 978-4-04-601997-4　C7037